中国地名大会

《中国地名大会》
节目组 编

中华书局

图书在版编目(CIP)数据

中国地名大会 /《中国地名大会》节目组编 .
—北京 : 中华书局, 2020.8
ISBN 978 - 7 - 101 - 14678 - 3

Ⅰ. 中⋯ Ⅱ. 中⋯ Ⅲ. 地名 – 介绍 – 中国
Ⅳ. K92

中国版本图书馆 CIP 数据核字(2020)第 132682 号

书　　名	中国地名大会
编　　者	《中国地名大会》节目组
责任编辑	傅　可
出版发行	中华书局
	(北京市丰台区太平桥西里 38 号　100073)
	http://www.zhbc.com.cn
	E - mail : zhbc@ zhbc. com. cn
印　　刷	北京市白帆印务有限公司
版　　次	2020 年 8 月北京第 1 版
	2020 年 8 月北京第 1 次印刷
规　　格	开本/920 × 1250 毫米　1/32
	印张 8½　插页 2　字数 100 千字
印　　数	1 - 30000 册
国际书号	ISBN 978 - 7 - 101 - 14678 - 3
定　　价	29.00 元

中国地名大会
电视节目主创人员

总监制：孙玉胜

总策划：李欣雁

监制：杨奉涛

制片人：贺亚莉

总顾问：康震　商伟凡

总导演：贺亚莉　王屾

执行总导演：杨新宇

现场导演：宋继先

主编：赵斌　欧阳群　姜黎　龙江　王依依

撰稿：王丹丹

导演组：钟宝华　潘羽嘉　钱希茜　方妹　孔琳

责编：崔建平　张玉洁

前期策划：樊庆元　冷淞　李颜

统筹：杜睿文　张华杰

制片主任：崔狄　张俊山　王祺宇

制片：王莉　冯晓彤

题库专家：王建富　牛汝辰　华林甫　王双怀

辛晓娟　安介生　周尚意

杨伟兵　刘景纯　薛光　马永立　张亚杰　王彦颖　楚新正　王聪

王笑非　高笑　白红叶　周毅　张仁民　阮文斌

贾建军　温生云　郭晓琳　武江民　张维佳　王翠叶　孙东虎

目录

故 土 中 国

第一期   地名指引我们回家的方向

壹

一举成名

1

从古到今，水井与人们的生活息息相关。以下哪个地名是因为水井得名？

A. 西藏羊八井　　B. 四川井研

C. 北京王府井　　D. 河北井陉

王府井的井

嘉宾解读

胡阿祥：西藏羊八井是用汉字译写的藏语地名，是"宽阔"的意思。四川井研是因为井研盐井而得名。河北井陉是因为其地势四面高、中间低，像井一样，所以叫井陉。北京王府井，是因为明朝时这里有十个王府和三个公主府，得名王府大街；到光绪年间，因街上有一眼水井，所以改名为王府井大街。

很多地名中都有"井"字，如井冈山、山西井坪镇、河南井店镇，这些"井"大多与水井无关。有一个词语"背井离乡",其中的"井"和水井也没有关系。如山西朔州井坪镇,因井坪千户所得名;河南安阳井店镇,相传旧时井姓在此开设客店,村称"井家老店",后简称井店。"背井离乡"这里的"井"指的是井田制,古代的井田制,八家为井,将一块田地分成九份,八份为私田,中间一份为公田,由各家一起耕种,于是"井"被借指为人口聚居的地方或乡里。

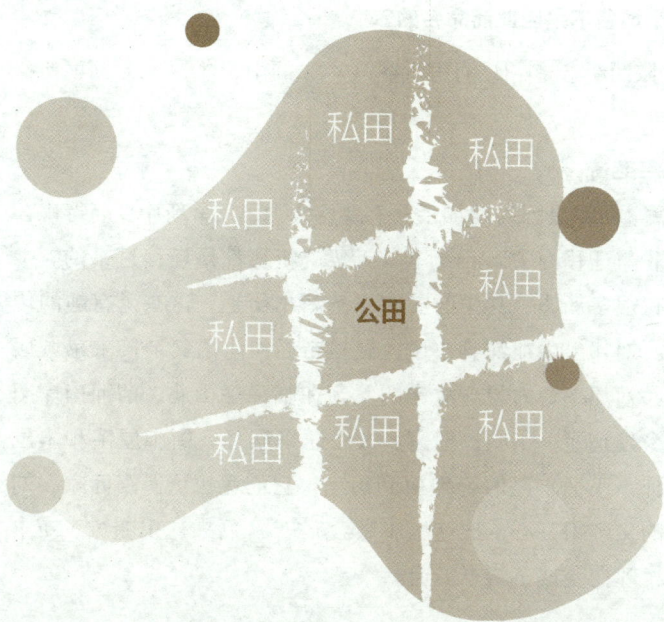

"安土重迁,黎民之性"。中国人对故土家园总是有着深厚的情感,很多人尽管背井离乡,还是会在异地沿用家乡的地名。根据这种逻辑,以下地名对照错误的是?

A. 山西人到北京——北京市大同营村

B. 湖北人到四川——四川省孝感镇

C. 福建人到台湾——台湾省泉州厝

D. 北京人到辽宁——辽宁省朝阳市

2

嘉宾解读

胡阿祥：辽宁朝阳市是因为境内凤凰山上的朝阳洞而得名，并不是因为北京人迁到辽宁改的名字。北京大同营村，四川孝感镇和台湾泉州厝都是因为人口迁移后，在异地沿用了家乡的地名。

3

在古代，人们会在新的落脚地起一个与故土相关的地名。以下哪个地名不是因此而命名的？

A. 陕西新丰　　B. 河南新蔡　　C. 河南新郑　　D. 河南新乡

嘉宾解读

康震：新乡是因为增加了一个汲县成为了一个新中乡而得来，并非与迁移有关。而新丰、新蔡、新郑都是迁移过来的。中国有很多新丰，其中西安有一条新丰街道，这有个有趣的传说。刘邦出生在沛县丰邑，做皇帝后，他把父亲接来京城居住。刘邦下令为想念故土的父亲在临潼骊山北、渭河南岸照家乡建造了一座城，把家乡人也迁来居住，街市屋宇和丰邑一样，还把丰邑的鸡狗放到街上，它们竟也认得路回家。刘邦的父亲很开心，把这里叫做"新丰"。后来这里变成了新丰镇，现在变成了新丰街道。

4

全国的铁路网包含数千个车站名。其中，京广铁路是南北交通的大动脉，也是春运期间最繁忙的客运线路之一。以下四张《中国地名大会》特制的"车票"，哪一张能到达广州？

A　　　　**B**　　　　**C**　　　　**D**

北京—绿城　　北京—星城　　北京—羊城　　北京—江城

嘉宾解读

胡阿祥：武汉的别称是江城，源自于李白的诗《与史郎中钦听黄鹤楼上吹笛》。长沙的别称是星城，因长沙星得名。绿城是郑州的别称，因其绿化率在全国名列前茅而得名。羊城才是广州的别称，传说有五位仙人骑着五色羊，将稻谷种子赠给当地人民，仙人离去后，五只羊则变成了石头，羊城由此而来。

春运是世界上规模最大的人口迁徙，是中国一年一度独特的人文景观。回家是所有人的愿望，每到春节，人们就像候鸟一样，在40天左右的时间里，形成了30多亿人次的人口流动。这个数字，相当于让非洲、欧洲、美洲、大洋洲的所有人搬一次家。

电视剧《闯关东》的主人公在介绍自己家乡时有一句非常重要的台词："俺是章丘朱家峪的。"像"丘"和"峪"都是北方地名的常用字，比如商丘、灵丘、桃花峪。以下哪个字常出现在北方地名中？

A. 界　　B. 浜　　C. 屯　　D. 冲

嘉宾解读

胡阿祥：在北方地区，"屯"是地名的主要用字之一，多指较小的村庄，有驻扎、聚集的意思。"界"有两层含义：一是指领属界限，一是指高山。"冲"指的是山区的平地。"浜"意为小河沟，是环太湖地区的特色地名。

康震：题目中提到的这些字其实指的都是很小的区域，但是为什么在影视剧中人们会常常提起，因为那里是家乡的所在地。中国历史上经历很多次人口迁徙，像闯关东、走西口等。遥远的迁徙之路，即使再轻装上阵，有一样东西也绝对不能落——宗谱。人口的迁徙其实也伴随着家乡生活方式的延续。比如东北的煎饼果子，就是跟着山东人一起来的。中国人对土地、对家乡有着深深的眷恋，走到哪里就把家乡的文化带到哪里，这种文化链接，就是一种乡愁记忆，已经根植于每个人的基因之中。

《乾隆南巡图》（局部）

6 传说乾隆下江南的时候给大臣们出过一个对联，上联是"南通州，北通州，南北通州通南北"，其中北通州就是今北京的通州区。那么南通州指的是哪里？

A. 湖北通山　　B. 四川通江　　C. 云南昭通　　D. 江苏南通

补充解读：这个对联非常著名，上联是"南通州，北通州，南北通州通南北"，下联是"东当铺，西当铺，东西当铺当东西"。南通州就是今天的江苏南通，宋仁宗天圣元年（1023）命名为崇州，明道二年（1033）改为通州。清雍正二年（1724）升为直隶州（相当于省辖市），因直隶顺天府亦有通州，故称"南通州"。中华民国成立后，于1912年废州置县，改为南通。其实历史上还有一些地方也曾叫通州，如四川达州市、吉林四平市、河南浚县等。古代以"通州"为名的地方，大多处于交通要道，有"四通八达"之意。

（正确答案：D. 江苏南通）

7 大槐树镇每年都有世界各地的华人来此寻根。大槐树镇位于哪里？

A. 河南洛阳　　B. 山西洪洞　　C. 陕西宝鸡　　D. 山东菏泽

嘉宾解读

胡阿祥：明代初期，由于长期的战乱，江淮一带被战争摧毁，人口变得非常少，田地荒芜，大量的人口向相对安定的山西涌去。为了恢复经济，改善人口不平衡状态，当时由朝廷主导，数百万之众从山西向外迁徙，他们中途落脚休息的地方就是这棵大槐树，久而久之，这棵大槐树就成为许多人的记忆，也成为人们寻根问祖的象征。

康震：树和中国人有着深厚的感情，它是生命的象征，山西大槐树恰好契合了我们国人这种寻根的精神。有一句民谣就是这样说的："问我祖先在何处，山西洪洞大槐树。"现在山西洪洞每年还会在大槐树下举行祭祖仪式。

班超少年时投笔从戎，久居西域，建立极大功业。暮年向朝廷上书："臣不敢望到酒泉郡，但愿生入玉门关。"玉门关位于今天甘肃哪里？

A. 武威　　B. 张掖　　C. 酒泉　　D. 敦煌

玉门关大漠

嘉宾解读

胡阿祥：如今的丝绸之路已经是人尽皆知了，但是玉石之路却很少有记载。其实玉门关这个地名就是玉石之路非常典型的一个体现。这个名字就是因为西域的玉石都经过这里输入而命名的。

康震：在汉代，玉门关象征着西域与中原的分界。班超在西域待了三十多年，到了晚年非常想念家乡，所以向皇帝上书，希望能让自己回去，回到玉门关东面就是回到了故乡。中国人和故土的关系是非常紧密和深沉的。魂归故里，无论生死，都要入玉门关。在生命即将结束的时刻，不仅身体要回到故乡，精神也要找到归宿。

（正确答案：D. 敦煌）

用紫外线灯照一照我们的新版护照，你会发现其中闪动着三十四个省级行政区的代表性元素，其中一页，能看到福建的土楼和一个"闽"字。福建的别称"闽"中的"虫"代表什么动物？

A. 虎　　B. 蚕　　C. 蛇　　D. 虾

嘉宾解读

康震：在上古时代，东南沿海一带被称为"闽"。因为福建地处亚热带，自古多蛇，境内居住的古越族先民以蛇作为图腾崇拜，所以地名也被称为"闽"。如今，福建省的南平市樟湖镇和漳州、长汀等一些地方仍有崇蛇风俗。

10

（特别出题人，被称作"跑赢了地震波的人"——王暾）

请将"安""宁"两个字与东西南北四个方位相对应，组成 7 个县级以上地名。

嘉宾解读

王暾：其实这和我的初心有关，减少地震所带来的灾害，为家乡的人们带来"安宁"。2019 年 6 月 17 日四川长宁发生 6.0 级地震，包括成都、乐山等地在内的 13 个区县、180 所学校、110 个社区通过电视、手机、大喇叭等不同方式，提前 61 秒收到了地震预警。做出这次成功预警的，就是我们的团队。

经过科学测算，提前 10 秒钟预警，就能减少 39% 的人员伤亡；

提前 20 秒预警，能减少 63% 的人员伤亡。

说起这个科研方向，源于 2008 年 5 月 12 日在汶川发生的地震，那时我正在奥地利科学院从事理论物理博士后的研究工作。在异国他乡看到地震给祖国、给自己的家乡带来的伤害，那些场景真的是触目惊心。就在那一刻，我便萌发了回国研发地震预警的想法。我想要为家乡做点事，哪怕只提前十几秒，就能让人们获得更多的逃生机会，让家乡的人们可以安心地在这片土地上生活。

当时国内很少有人做地震预警的相关研究，起初非常艰难，我从人才市场挖了 7 个人，组成了一个 8 人团队。幸运的是，我们得到了政府的支持与帮助。在 2010 年底，预警系统初步成型，我们把仪器部署在汶川地震的余震区进行实验。2011 年，实现了手机短信接收地震预警信息。2013 年，第一次成功预警了云南 4.9 级地震。

胡阿祥：如果我们统计一下中国的所有地名，我们会发现平、安、宁之类的字眼在地名中出现的频次是非常高的。其实这也表达了人们对自己所生活的那片土地最淳朴、最简单的期盼。像王暾博士所做的事情，就是让人们的这种期盼变成了现实。

康震：中国之所以能够在短时间内迅速崛起，就是因为有很大一部分人出国留学，学成后选择回国，是他们促成了我们国家建设的许多成就。历史上有许多像钱学森、钱三强这样的人，我们国家在很多领域的突破和进步都离不开他们。

（正确答案：西安、南宁、北京、东安、东宁）

贰

实至名归

线索 1：这里的乐清县有风景名胜区雁荡山。

线索 2：1980 年，这里的商人领到了中国第一张个体工商户营业执照。

线索 3：它因地处温峤岭以南、气候温润而得名。

嘉宾解读

胡阿祥：温州的确是温州，它在中国的东南沿海，属于海洋性的季风气候。还有很特别的一点是，温州的地形是三面环山，一面靠海，山脉林立，对冬季寒冷的季风有着很强的阻挡作用，所以这里冬无严寒，夏无酷暑，才称"温州"。

康震：现在我们常说"温州人闯天下"，其实这个说法是到了近几十年才有的。在明清时期，温州人还有一个称谓叫做"温不出"。温州自古以来都是陆路不通，水路发达。但是明清时期的海禁封死了温州对外沟通的路线。因为山的阻挡，当地人不爱外出。近代，随着水路和陆路交通的不断完善，温州人开始向外拓展。在 20 世纪二三十年代，温州地区的出国风气达到高潮，后来成为有名的侨乡。

（正确答案：浙江温州市）

2.

線索 1：传说，它的名字与一段孝亲故事有关。

線索 2：唐代著名诗人骆宾王七岁时在这里写下了《咏鹅》。

線索 3：它因为小商品市场而闻名全球。

嘉宾解读

康震：义乌的地名和西汉时期一个叫颜乌的人有关。颜乌是个孝子，他的父亲死了之后因为家贫没有地方安葬，只能自己挖土去埋葬父亲。他的孝心感动了乌鸦，一群乌鸦飞过来帮助他挖穴造墓，甚至把嘴都弄伤了，所以此地最开始的名字叫乌伤，后来又改成了义乌。

（正确答案：义乌市）

3.

線索 1：被誉为客家土楼之王的"承启楼"在这里的永定区。

線索 2：人民军队建设史上的重要里程碑——古田会议在这里的上杭县召开。

線索 3：这里因境内有一处溶洞，洞里的石壁花纹似龙而得名。

福建土楼

嘉宾解读

张福德：龙岩坐落在闽西地区，是中原客家人的重要聚居地。不过这里有非常多的山地丘陵，经常会有猛兽出没。为了抵御猛兽和外敌侵袭，聪明的客家人在这里发明了一种碉堡式的建筑，就是今天的土楼。好多土楼都有自己的身份，比如中西合璧的振成楼是"土楼王子"，依山傍水的振福楼是"土楼公主"，最大的承启楼自然就是"土楼王"啦！

陈盛哲：我是土楼里土生土长的"后生哥"，也就是土楼里的年轻小伙子。我们楼那可真是一个大家庭，现在我们楼里住着160多号人，每天都热热闹闹的。要说在土楼里住着最大的感受是什么？我觉得是亲近。我住的土楼有四层，一层是厨房、储存用地，二层是仓库，三、四层是卧室。一层中心有两个水井，做饭时，你家炒、我家烧，闻着味儿就知道谁家烧了什么好吃的。有时候我家没来得及做饭，我拿着个碗，楼里走一圈儿就能吃饱了。楼里面家家都不锁门，邻居的朋友来了，头一伸，转身到我家，不要一会儿就成了我的朋友。楼中心有个祠堂，每年过年的时候，大家围聚在一起过年，每家准备一个菜，一会儿，桌子上就能摆满。然后一起聊天、唱歌，那种亲近，在土楼以外的地方很少能感受到。

4

線索 1 ：白鹭是这里的市鸟，这里又被称为"鹭岛"。

線索 2 ：爱国华侨陈嘉庚创办的一所大学，与这座城市同名。

線索 3 ：它有一个热门旅游景点鼓浪屿，又名"琴岛"。

嘉宾解读

胡阿祥：相传，此地因地处海道下方，因此得名下门，谐音为厦门。自古以来，厦门就是中国东南沿海的重要港口，也是华侨进出内陆的主要门户。因为地理位置的关系，厦门与东南亚的联系十分密切，因此这里是很多南洋华侨的家乡。

康震：南洋华侨是非常心系祖国的一群人，其中最为突出的代表就是陈嘉庚先生，他被毛主席评价为"华侨旗帜，民族光辉"。他在国家处于危难的时候，为国家建学校、捐物资。都说离家的孩子最想家，离开祖国的人最爱国。福建省是华侨最多的省份之一，很多华侨都会回到家乡，建设家乡。新中国的建设离不开这一群华侨，很多建设资金都是华侨提供的，他们对家乡做出了非常大的贡献。

（正确答案：福建厦门市）

5

線索 1 ：这里有宝顶山、北山、南山、石门山、石篆山。

線索 2 ：这里有一个著名的石刻卧佛。

線索 3 ：这里因一条河而得名，名字有"丰足"的美好寓意。

补充解读：大足始于唐乾元元年（758），取"大丰大足"之意。大足石刻是中国晚期石窟艺术的代表，与敦煌、云冈、龙门等石窟一起构成了一部完整的中国石窟艺术史。大足石刻从不同侧面展示了公元 9 世纪至 13 世纪中叶，中国石窟艺术风格及民间宗教信仰的重大发展与变化，对中国石窟艺术的创新与发展有重要贡献。

（正确答案：重庆大足区）

6

線索 1 ：这里三面环水，地理位置险要，有"古渝雄关"之称。

線索 2 ：重庆最大的水码头位于此区内。

嘉陵江和长江交汇之处，有"天然火锅"之称

嘉宾解读

张福德： 上面这张图展示的就是渝中区最有名的地方——朝天门。为什么叫朝天门呢？因为这里曾经是连接巴蜀和中原的重要驿站，皇上的旨意必须要经过这里才能传达，古代官员经常在这个码头接收来自中原的天子圣旨，所以才有了朝天门这个称呼。

康震： 火锅已经成为重庆这座城市的名片了。重庆有一个非常盛大的活动——重庆火锅节。火锅不仅是一种美食，还自带社交属性。中国人喜欢吃火锅，这是中国人喜欢的一种聚餐方式，即使走到了世界各地，很多中国人聚在一起的时候都会想到要吃火锅。

（正确答案：重庆朝天门）

叁

闻名不如见面

中华大地，底蕴丰厚；中华文明，源远流长。在这片热土上，每一个地名都有一段故事，每一个地名都是历史的结晶。西安这座城市的历史悠久：周人建都，于沣水畔开礼仪先河；秦人造宫，于骊山下留兵马传奇；汉人筑城，于未央送卫青、霍去病西征；唐人开元，于沉香亭太白沉醉。回顾古人，言及今日，西安魅力依旧。这座城市的历史厚重：大家现在看到的城墙始建于明，是中国现存规模最大、保存最完整的古代城垣。站在这儿，南望秦岭，北瞰渭水，山川满目花如旧，而地名就是这座城历史的凝固。

你能任意说出三个西安的曾用名吗？

补充解读：丰京、镐京是周文王、周武王分别修建的都城，西周时合称"丰镐"。汉初改为长安，取"长治久安"之意。王莽建立新朝后，又改为常安。隋文帝在开皇二年（582）在汉长安城东南选址建"大兴城"。唐朝建立后，又将大兴改为长安。元仁宗皇庆元年（1312）改为奉元路（元代的路相当于明、清的府，在行政区划上大致相当于今天的地级市）。明洪武二年（1369）改奉元路为西安府。

（正确答案：丰京、镐京、长安、大兴、常安……）

西安

关于"歙"的由来，有人说是因为这里山水集聚，也有人说是因为这里的地形是像塌鼻子一样的盆地。曾有无数歙县人少年离家，外出经商。"健妇持家身作客，黑头直到白头回"。一句新安竹枝词，就说尽了这些徽商的故事。马头墙、小青瓦……古时徽商们穷尽一生的梦想就寄托在这一座座飞檐向上的徽派宅院上。回乡、修宅，棠樾村的鲍氏家族，正是这样一个"家"的缩影。商人、才子，他们活过，并被铭记。敬爱先祖，教化后人，是歙县人代代相传的理念。唐、宋、明、清，一千两百多年，上百座书院，七百多位文武进士。琅琅书声中，笔墨纸砚已经深深融入了歙县人的骨血。

笔墨纸砚被称为"文房四宝"，歙县生产的砚台被称作什么？

嘉宾解读

胡阿祥：山多地少，人烟稠密，这里一向有"七山一水一分田，一分道路加田园"的说法。由于山多地少，林茶收入成为当地农民生活的主要来源。在地狭人稠、生活贫困的处境下，勇于进取的歙县人民，为了摆脱困境和出售林茶等土特产品，不得不离乡背井、远赴他乡，从事商业贸易活动。

康震：明代文学家王世贞曾形容这里"人十三在邑，十七在天下"，意思就是说，十个人中就有七个人外出经商。当地还有这样一则谚语："十三四岁，往外一丢，包袱雨伞，夹起就走。"说的就是这里的男孩子十三四岁就要出门做生意，十几年、甚至几十年才能还乡。这是一种茫然的别无选择，一种无奈的义无反顾。尽管徽商曾在商界首屈一指，但在最初，当他们一步步离开生养的故土、久在异地他乡的时候，他们的心里一定充满思乡之苦，孤独而彷徨。

3

（特别出题人，郑国和）

郑国和：广东江门地处珠江三角洲西部，当你真正来到这里，看到蓬江两岸的蓬莱山与烟墩山相对而立、形似家门的景象，你绝对会感叹老祖宗取名字的智慧。江门是中国最大的侨乡之一，祖籍江门的华侨、华人和港澳台同胞近 400 万人，遍布全球 107 个国家和地区。对于江门华侨而言，门，就是"家里"和"家外"的区别，回到了江门，就是回到了"家"。在江门下辖的开平境内，有着 1400 多座风格各样的碉楼，汇集了西方不同时期、不同风格的建筑艺术，古希腊的柱廊、古罗马的穹窿、伊斯兰风格的拱券、欧洲城堡构件等等都在这里汇集。同时，这里又有中国传统的砖墙、瓦顶，楼内的小方窗、木制楼梯、桌椅、神龛、墙上的书画等，都蕴含着中华文化的韵味。中西合璧特色建筑的背后，是江门人自信而不排外心态的真实表露。

那么，你知道江门的得名由来吗？

嘉宾解读

郑国和：我是在美国的第四代华人，二十九年来，一直在义务带领 600 多位华裔到中国寻根。江门是中国最大的侨乡之一，我母亲的祖籍就在江门。这么多年来，我每年都会从美国飞到江门几次。我已经去过 600 多个村庄了，这其中也包括我自己的祖籍地——广东中山。1880 年，我曾祖父就从广东中山移民到夏威夷，我的祖父和父亲都曾经被送回家乡上学。我父亲就在中山市的乌石村里上过学。我是在 40 岁的时候才第一次回到中国，但是我父亲经常和我讲他在乌石村上学的经历。他告诉我，我们的村庄里有一块很黑的大石头，所以那里叫做"乌石村"。我父亲一直希望我回家乡看一看。我回到家乡找到他当年上过学的地方，在他曾经坐过的板凳那里坐了一下，心里面觉得很感动。那个时候我第一次感受到了自己的根在哪里。在海外，华裔青年不能从教科书上了解到华人的历史，他们很多人都不会说中文。我希望他们能够了解自己的历史和祖先。每次看到学生们寻根前后的变化，看到他们在家乡感动流泪的情景，我都很感动。

康震：华人、华侨的移民自古有之，历朝历代未有间断。有很多人走散了，但不散的是血脉的牵系，是寻根的渴望。每一位远赴海外的游子心中都有一份对家乡的眷恋，归华寻根是他们的共同心愿。

（正确答案：因蓬江两岸蓬莱山与烟墩山对峙如门而得名）

"最荒凉的地方，却有最大的能量，最深的地层，喷涌最宝贵的溶液，最沉默的战士，有最坚强的心。"这是诗人艾青在克拉玛依劳动时写下的。当太阳升起，照在穿城而过的克拉玛依河上，这座石油小城新的一天开始了。1958 年建市，从一号井喷出第一股油流起，这里就注定因石油而兴盛。这里是移民

之城。凉皮子、酸奶、炖羊肉，到了休息时间，无数克拉玛依人走进餐厅，享受这些新疆美食。回到家里，他们可能还会做自己的家乡菜，各地特色在这个戈壁滩小城上交融，这里是他们新的家乡，因为他们而出现，也因为他们而更加美丽。

"克拉玛依"源于维吾尔语，它的含义是什么？

小课堂：克拉玛依魔鬼城的传说

关于魔鬼城有一个传说。这里原来是一座雄伟的城堡，这里的男人英俊健壮，女人美丽善良，人们勤于劳作，过着丰衣足食的生活。然而，财富的增加却逐渐带来了邪恶，人们开始耽于享乐。为了争夺财富，城里到处充斥着尔虞我诈与流血打斗，每个人的面孔都变得狰狞恐怖。天神为了唤起人们的良知，化作一个乞丐来到城堡。他告诉人们，是过度的欲望使他从一个富人变成了乞丐，他想通过自己的经历让人们走上正道。然而他的话并没有奏效，反而遭到了城堡里的人们的辱骂和嘲讽。天神一怒之下把这里变成了废墟，城堡里所有的人都被压在废墟之下。每到夜晚，亡魂便在城堡内哀鸣，希望天神能听到他们忏悔的声音。

其实，克拉玛依的"魔鬼城"是典型的雅丹地貌。"雅丹"是维吾尔语"陡壁的小丘"之意，雅丹地貌以新疆塔里木盆地罗布泊附近的雅丹地区最为典型而得名，是在干旱、大风环境下形成的一种风蚀地貌类型。因为地处风口，魔鬼城四季狂风不断，最大风力可达 10—12 级。强劲的西北风把这里塑造成了如今的模样。

（正确答案：黑色的油）

肆

名扬天下

克拉玛依市　日照市

丰城市　宿迁市　彭州市　菏泽市　沁阳市

石狮市　信宜市　满洲里市　自贡市　舒兰市

忻州市　高碑店市　张掖市　耒阳市　乌审旗

汶川县　西宁市　阳朔县　莱芜市　稻城县

驻马店市　济源市　阜宁县　平阴县　婺源县

郴州市　怀化市　百色市　嘉峪关市　岑溪市

汕头市　万安县　中山市　张家界市

武威市　天津市　宁夏回族自治区　贵阳市　佛山市

万宁市　都江堰市　海伦市　承德市　河池市

诸暨市　基隆市　安国市　酒泉市

丰镇市　泰安市

都匀市　腾冲市　永吉县

改则县　临汾市

公主岭市　巢湖市　兴城市

辽宁省冀州市　麻城市　宁波市

三河市　肥城市

宁国市　湛江市

沙县　鄂伦春自治旗

1

在上述表格中，挑选出 4 个因居民迁徙而得名的地方。

嘉宾解读

胡阿祥： 这组地名非常有意思，宿迁市是表示居民来自古宿国。莱芜市是表示居民由莱子国来此荒芜地带。肥城市表示城中居民来自古肥国。兴城之名最早起于辽代，当时大量人口迁入此处，取"兴盛"之意。

2

在上述表格中，挑选出 11 个因安宁吉祥的愿望而命名的地方。

嘉宾解读

胡阿祥： 自古人们惧怕战乱、动荡，把安居乐业、长治久安当做美好的愿望，所以很多地名不仅仅名字好听，还代表了美好的愿望和祝福。如辽宁，是以祈望"辽河流域永久安宁"之意得名；宁夏省是元朝设宁夏府路，取"夏地安宁"之意而得名。

补充解读： 西宁古时为羌地，东汉时在此建西平郡，北宋时改为西宁。

万安县，传说唐朝时在这里挖到一石符，上有"万民以安"之语，故名。

泰安市，古语云"泰山安则四海皆安"，故名。

永吉县，隶属吉林省吉林市，取"永远吉祥"之意。

阜宁县，"阜"形容（物资）多，阜宁素有"江淮乐地"之称。

宁国市，宁国取《周易·乾卦》"首出庶物，万国咸宁"之意。

宁波市，明初为明州府，后朱元璋为避国号讳，取"海定则波宁"之意，改为宁波。

万宁市，位于海南省，曾用"万安""万全"等名，1914 年改为万宁。

安国市，隶属河北保定市，安国素有"药都"之称，《汉书》

中记载，王陵在楚汉战争中屡立战功，汉高祖封其为"安国武侯"，他的封地便在此处，"安国"因而得名。

在上述表格中，挑选出 4 个与河西走廊相关的地名。

3

嘉宾解读

康震：河西走廊夹在祁连山与合黎山、龙首山等山脉之间，狭长且直，形如走廊，又地处黄河之西，被称为"河西走廊"。汉武帝时，骠骑将军霍去病出陇右击匈奴，从此，整个河西纳入西汉版图。河西走廊是古丝路的枢纽路段，连接着亚非欧三大洲的物质贸易与文化交流。

（正确答案：武威市、张掖市、酒泉市、嘉峪关市）

在上述表格中，挑选出 2 个因部落名称而命名的地方。

4

补充解读：乌审旗，在毛乌素沙漠腹地，旧称鄂尔多斯右翼前旗，位于内蒙古自治区鄂尔多斯市西南部，与鄂托克前旗并誉为"鄂尔多斯南大门"。"乌审"，系蒙古族部落名，清初以左翼速伯特、卫新二部置鄂尔多斯左翼前旗，后以卫新演化为"乌审"作旗名，意为"用网套的人"。"旗"大致相当于县。

改则县，位于西藏自治区西北部，属阿里地区。改则，系用汉字译写的藏语地名，原为部落名。清代，这里有改则本、帮巴、色果三大部落，后逐渐融合。1960 年，这里统一划分为改则县。

（正确答案：乌审旗、改则县）

传　统　中　国

第二期　　　　　　　　地名记录着中国人的生活传统

壹

一举成名

孔子说过："名从主人，物从中国。"一些地名读音保留了历史传统，比如河南荥（xíng）阳、黑龙江穆棱（líng）。那么，下列几个地名读音正确的是？

A. 丽（lí）水　　B. 乐（lè）清

C. 涪（péi）陵　　D. 台（tái）州

嘉宾解读

康震："乐"是一个多音字，这个字用于地名乐清的时候读作 yuè。其他两个选项的正确读音是：涪（fú）陵，台（tāi）州。中国地名文化博大精深，很多地名的读音是和它的由来有着很大的关系。我们在生活中会因为地名中含有多音字、生僻字造成误读，比如河北蔚（yù）县、山东东阿（ē）、湖北的监（jiàn）利。还有一些生僻字，比如河南荥（xíng）阳、安徽歙（shè）县、四川犍（qián）为等。还有一些地名是我们经常容易误读的，比如安徽亳（bó）州的"亳"，它和"毫"非常相似，经常会造成人们的误读。

（正确答案：A. 丽（lí）水）

下列四张邮票是从一名集邮爱好者的收藏中挑选出来的，这些邮票的内容与地名由来相关，其中匹配错误的是？

A 青海省　　**B** 绵竹市　　**C** 和田市　　**D** 鹰潭市

嘉宾解读

胡阿祥：青海省来源于蒙古语"库库诺尔"，意思是"青色的湖"。绵竹市的命名是因为地处绵水（今绵远河），这里有很多竹子。和田古称"于阗"，后改为"和阗"，1959年又将"阗"改"田"。鹰潭市是因为信江南岸有一个深潭，古代经常有苍鹰盘旋，所以得名鹰潭。

3 《说文解字》中对某个字的解释为："葵中蚕也。"请问这个字是以下哪个省份的别称？

A. 福建   B. 湖北   C. 四川   D. 山东

嘉宾解读

胡阿祥：《说文解字》中的"葵中蚕也"说的是"蜀"字，所以我们可以判断这道题的正确答案是四川。其他三个省份的别称分别是：福建对应闽，"闽"字中的"虫"指的是蛇。湖北的别称是鄂，山东的别称是鲁。

桑蚕文化也深深影响着地名，中国古人常把家乡称作"桑梓"，中国有很多地名也与桑蚕有关。古蜀国第一位有记载的首领叫蚕丛，是位养蚕专家。正是他凭借优秀的养蚕缫丝技术带领百姓种桑养蚕，乡人感其德，就为他立祠祀之，称为"青衣神"。他属于四川一地的蚕神，四川由此而称"蚕丝之国"。

康震：其实我们很难考证"葵中蚕也"的"蚕"到底是什么，但蜀国是桑蚕的发源地之一，像成都就有一个别名叫锦官城。中国人与蚕更是有着千年的不解之缘，在古代的农业社会，织丝是妇女的主要生产活动之一，因此有了男耕女织的社会分工。《诗经》中有"十亩之间兮，桑者闲闲兮""春日载阳，有鸣仓庚。女执懿筐，遵彼微行，爰求柔桑"之语。我们是世界上最早开始养蚕、缫丝、织绸的国家。蚕文化最后衍生了丝织品文化，从而才有了丝绸之路。在从蚕到丝的过程中，我们可以看出中国人观察发现自然规律、并合理利用自然的中国智慧。

马王堆汉墓出土了很多震惊世人的国宝级文物，其中就有这一幅《西汉初期长沙国南部地图》，也被称为《地形图》。在这幅两千多年前的古老舆图上，我们通过地名就能感受到古长沙国农耕文化悠久的历史。图中有四个地名，其命名传说与农具相关的是？

A. 舂陵　　B. 营浦　　C. 桂阳　　D. 观阳

嘉宾解读

胡阿祥：图中的四个地名都是西汉初年长沙国的地名。舂陵县是因"舂溪"而得名，"舂溪"又被称为"舂水"，《汉书》记载"舂水"因"舂山"得名。相传神农氏的臣子赤冀在这座山上发明了用来舂粮的工具杵臼，所以将山命名为舂山。舂陵的地名便源于这个故事。

其他三个地名都与农具无关。营浦县是因为在营水之浦而得名；桂阳县因为在桂水之阳而得名；观阳县因为在观水之阳而得名。用农具命名是地名命名的一种常用方式，因为我们有几千年农耕文化的传统，耒阳就跟农具耒有关，还有湖南省的嘉禾县、骑田岭等地名都是千年前长江流域农业文明的体现。通过地名我们可以看到农耕生产方式所造成的深远影响。

康震：农耕文化是中国传统文化的根基，它贯穿传统文化产生发展始终。先秦时期《击壤歌》"日出而作，日入而息，凿井而饮，耕田而食"，就反映了农耕文化的显著特点。

（正确答案：A. 春陵）

5

很多地名出自古代典籍并沿用至今，比如贵州"遵义"之称就来自于"四书五经"中的一部。那么，"遵义"一名源于哪一部古代典籍？

A.《诗经》　　B.《尚书》　　C.《礼记》　　D.《周易》

嘉宾解读

胡阿祥：遵义之名，相传出于《尚书》"无偏无陂，遵王之义"。除此之外，还有很多出自"四书五经"的地名，人们比较熟知的有：吉林省敦化市，源于《中庸》"小德川流，大德敦化，此天地之所以为大也"。北京市怀柔区，源于《诗经·周颂·时迈》中的"怀柔百神"，意思是招来安抚。

（正确答案：B.《尚书》）

6

早在万年前的长江流域，稻米就已经出现在了古人的食谱之中。水稻与中华文明的发展息息相关。以下四个地名中，命名与水稻有关的是哪一个？

A. 米脂县　　B. 粟山　　C. 稻城县　　D. 嘉兴市

嘉宾解读

胡阿祥：其实嘉兴市的简称是"禾"。三国中的吴国在黄龙三年

（232），因为这里野生水稻长势繁茂，认为是吉祥的征兆，将此地地名改为"禾兴县"。赤乌五年（242），为了避太子孙和韦，改名为"嘉兴县"。其余有两个也和农作物有关。米脂县因盛产小米而得名。粟山因一个故事而得名：廉颇命军中将士将粮食（粟）盛到布袋里，积至山巅，吓退秦军，所以被称为粟山。稻城县古名"稻坝"，藏语的意思是山谷沟口开阔之地，与水稻无关。稻米作为传统的主食延续至今，是我们中华文明很重要的一个基础，有很多地方的地名都是因水稻而命名的，如米山镇、稻田镇等。

康震： 稻米的传统有多古老呢？良渚古城内发现了20万斤水稻，完整保存了五千多年前的农业成就。而在江西万年县，考古专家更是发现了一万多年前的人工栽培稻，这是全球发现最早的人工栽培水稻之一。稻米最早被中国的先民发现培育，又从中国出发，辐射到全世界各地，是中国人送给世界人民的礼物。没有水稻，就没有许多中国的米制美食（如粽子、汤圆、年糕、米糕、烧麦等）。米在中国人的生活当中是一种非常重要的食物，品质优秀的大米也成为很多地方的特产。如黑龙江五常大米、广西上林大米、广东增城丝苗米、辽宁盘锦大米，等等。

（正确答案：D. 嘉兴市）

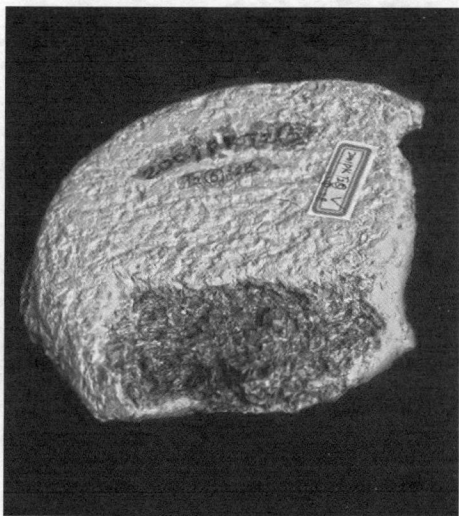

稻谷化石

?

中国是茶的故乡，茶叶也分很多品种，大多习惯以当地的地名来命名。以下哪一种茶不是以地名命名的？

A. 正山小种　　B. 西湖龙井

C. 信阳毛尖　　D. 君山银针

嘉宾解读

胡阿祥：正山小种产自福建省武夷山市桐木关，大多数人对"正山"二字不理解，其实"正山"指的就是正确、正宗的意思，并不是一个地名。西湖龙井产自浙江省杭州市西湖龙井村，信阳毛尖产自河南省信阳市，君山银针产自湖南岳阳洞庭湖中的君山。这三个选项都包含着相关地名，所以本题的正确答案是A. 正山小种。

（正确答案：A. 正山小种）

3

中国有些地方是以少数民族语言命名的。比如"巴彦淖尔"。巴彦淖尔是蒙古语"富饶的湖泊"的意思。请将以下地名与其正确含义对应。

A. 唐古拉山　　　　1. 花朵

B. 乌兰察布　　　　2. 高原上的山

C. 艾丁湖　　　　　3. 红色的山口

D. 墨脱　　　　　　4. 月光湖

嘉宾解读

胡阿祥：唐古拉山位于西藏自治区与青海省的边界处，其东段为西藏与青海的界山。乌兰察布位于内蒙古自治区中部。艾丁湖位于新疆维吾尔自治区吐鲁番市，湖面比海平面低154.31米，是中国陆地的最低点。墨脱隶属西藏自治区林芝市。

（正确答案：A-2、B-3、C-4、D-1）

乌衣巷

在我们熟知的很多诗词中记录了不少地名，以下诗句与现今地名对应错误的是？

A.“朱雀桥边野草花，乌衣巷口夕阳斜。”——江苏扬州

B.“不识庐山真面目，只缘身在此山中。”——江西九江

C.“劝君更尽一杯酒，西出阳关无故人。”——甘肃敦煌

D.“青菜青丝白玉盘，西湖回首忆临安。”——浙江杭州

（正确答案：A.“朱雀桥边野草花，乌衣巷口夕阳斜。”——江苏扬州）

嘉宾解读

康震：朱雀桥在金陵城外，乌衣巷在桥边。在今天南京市东南，文德桥南岸，是三国东吴时的禁军驻地。由于当时禁军身着黑色军服，所以此地俗称乌衣巷。在东晋时以王导、谢安为代表的两大家族都居住在乌衣巷，人称其子弟为"乌衣郎"。

（特别出题人，诸静韵）

木头不仅在日常生活中随处可见，而且也有因它命名的地名。以下哪个地方是因木得名？

A. 格尔木市　　B. 佳木斯市　　C. 神木市　　D. 枝江市

嘉宾解读

诸静韵：据记载，在陕西神木当地有三棵唐代种植的古松，这三棵古树非常高大，枝叶相连，人人都说它非常神奇，所以人们就把这个地方称作神木。

说到木匠，大家眼前可能会浮现那种拿着锯子、背着包做木工活的男师傅，毕竟木工的体力活居多，然而当我接触到这项工作时，便喜欢上了木匠工作。我开始学的是建筑学，会接触到很多古建筑，里面斗拱、榫卯那些木质结构让我觉得非常神奇，这些传承千年的中国元素彻底激发了我的兴趣，从那时候开始，就尝试着自己动手做木工，毕业就留在木工坊了。做木匠对我来说意味着自由，把爱好变成自己的职业是一件幸福的事情。我自己开了一个工作室，会做一些小东西，比如首饰、摆件之类的，我的短租房里面的茶几、床、桌椅板凳之类的木器家具也都是自己做的。

康震：在我们的传统观念里，木头是有生命的。古语有云："木者，春生之源。"意思是说木是生命之源，发自春天，代表着一种温和与纯良，这迎合了中国人的本源与性格。

（正确答案：C. 神木市）

木艺

榆林： 陕西省下辖地级市，因当地的土壤特别适合种榆树和柳树，故名。

榆树： 吉林省下辖县级市，由长春市代理。一说，市街用土壁围绕，在土壁之上生长着繁茂的榆树，由远望去如同森林，此地得名为榆树；另一说，地名源于城南的一棵参天古榆树。

梨树县： 隶属吉林省四平市，以当地物产——梨树命名。

桂林： 广西桂林，意为其地江源多桂，不生杂木。

桐梓县： 隶属贵州省遵义市，因桐梓驿为名。桐梓驿得名则是因建于桐梓坡对面，桐梓坡上遍长桐梓树。

蓬莱市： 山东省县级市，"蓬莱"者，"蓬草蒿莱"也。

乌鲁木齐： 一般解释为维吾尔语"优美的牧场"之意；据最近考证，在维吾尔语形成之前的唐宋时期，"乌鲁木齐"一名即见于和阗古书的记载，意为"柳树林"。

成都： 别称"蓉城"；**江西：** 古称"豫章"；**福州：** 别称"榕城"。这些都是和树木有关的地名。古人崇尚自然，讲求"天人合一"，而木材所呈现的不事雕琢的特点正好与古人的哲学观一致，所以木材在中国建筑史上占据了举足轻重的地位，中国人用木头搭建出了辉煌的文明。

贰

实至名归

线索 1：被称为"津门之屏"的大沽口炮台位于这里。

线索 2：它地跨海河，由大港区、塘沽区、汉沽区合并而来。

线索 3：此区的塘沽港开港，标志了天津港向海港转型。

嘉宾解读

胡阿祥：天津滨海新区虽然 1994 年才正式成立，但是它所包含的塘沽却是很古老的，这里有着天津最古老的渡口。天津这个城市的名字也和渡口有关，就是因为明成祖朱棣经此南下而得名，天津就是"天子津渡"的意思。

天津滨海新区

康震：天津自古因漕运而繁荣，天津这个地方原来是码头，贯通南北的京杭大运河让天津的航运非常发达，南来北往的客商云集，各地的方言俚语交汇，促进了当地语言的丰富，滋润了当地语言的表达，相声、时调、快板等都是由此而诞生的，其中，相声就是当地市井文化的一种代表。

线索 1：号称"赛鸭梨"的沙窝萝卜原产于这里。

线索 2：这里的精武镇因为霍元甲的故事而命名。

线索 3：著名的"杨柳青年画"原产地在这里。

2

嘉宾解读

胡阿祥：杨柳青年画是因为产自杨柳青而得名，杨柳青这个地名指的就是当地河流沿岸都种着杨柳。

康震：在杨柳青年画兴盛时，杨柳青镇方圆百里都画杨柳青，可谓是"家家会点染，户户善丹青"。杨柳青年画反映的就是老百姓对美好生活的期盼。天津航运发达，来来往往的人也会将这些寄托着美好愿景的版画带到五湖四海。其实不只是杨柳青的年画，吴桥的杂技、浙江的淘宝村，这些生产方式最初都起源于兴趣和热爱，逐渐沉淀为一种传统而代代传承，表现着普通大众对于生活的热爱以及对于幸福安乐的向往。

线索 1："卧冰求鲤"的故事发生在这里。

线索 2：孟良崮战役发生在这里的蒙阴县。

线索 3：《沂蒙山小调》是这里的市歌。

3

嘉宾解读

胡阿祥：临沂是因为临近沂水这条河而得名，临沂古称琅琊、沂州。临沂境内坐落着蒙山。沂水是山东第一大河，蒙山是山东第一大山，这样壮阔的大山大水成就了八百里沂蒙山风光。

康震：沂蒙山小调是已经流传了数百年的文化传统。沂蒙山确实具有歌里所唱的"好风光"，这里有山有水、物产富饶，这里的人乐观自在，歌曲也因之情绪饱满、曲调优美，充满了对家乡的感情。中国有许多民歌，如《茉莉花》《信天游》等，这些歌曲都是对百姓生活的反映，这种传统是紧贴土地、紧贴生活的，所以拥有着土地赋予的强大生命力。

4

线索 1：这里的"青州"之称源自《尚书·禹贡》中的"九州"。

线索 2：诺贝尔文学奖获得者莫言出生在这里的高密市。

线索 3：相传中国第一只风筝在这里诞生，故称"鸢都"。

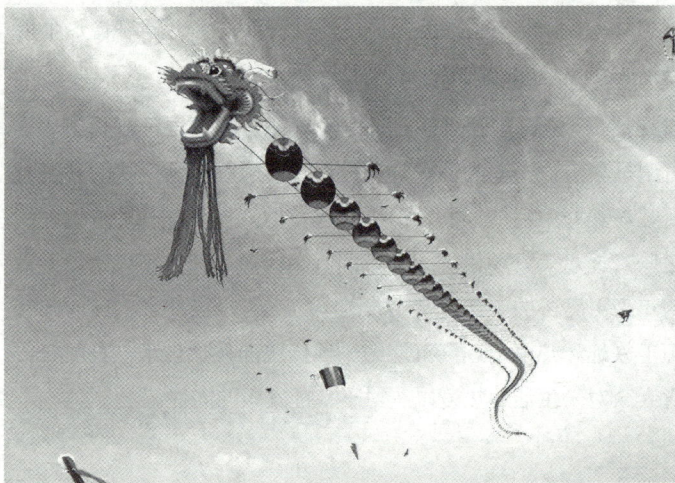

潍坊风筝

嘉宾解读

胡阿祥：1948 年潍县解放的时候，以潍城、坊子为基础建潍坊特别市，所以取潍城、坊子的首字命名。潍坊被称为"鸢都"，是因为这里是中国风筝文化的发祥地，《韩非子》中记载第一只风筝，就是墨子在这里发明的。

康震：说起风筝的起源也非常有意思，最开始墨子发明的这个风筝叫做"木鸢"，用木头做的，目的是用于军事。但是随着它不断地普及、改进、传入民间，渐渐地变成了一种娱乐方式，在潍坊一带盛行，郑板桥曾经用"纸花如雪满天飞"来形容当时的盛况。潍坊有很多做风筝的手艺人，现代的风筝制作水平不断提高，世界上最大的风筝长达 7250 米，比世界上最大的飞行器还要大。越是民族的越是世界的，中国的传统已经走向世界了，现在的潍坊已经成为国际风筝节的固定举办地，是名副其实的"世界风筝之都"。

（正确答案：潍坊市）

（特别出题人，电影《刘三姐》中刘三姐的扮演者——黄婉秋）

线索 1: "歌仙"刘三姐的故乡在这里。

线索 2: "长寿之乡"巴马位于这里。

线索 3: 这个城市的专名用字都带有"三点水"。

5

嘉宾解读

黄婉秋： 河池就是刘三姐的家乡，据《今县释名》载：河池"县东有古浪溪，南有秀水，西有猫溪，居民多引为陂塘"。宜州以县有宜山为名。河池有水，宜州有山，刘三姐的家乡河池市宜州区就是这样一个有山有水的好地方。这也是我们广西好山好水的一个缩影。

（正确答案：河池市）

"刘三姐"三代同台照片

龙脊梯田

6

线索 1：这里的龙胜各族自治县有著名的龙脊梯田。

线索 2：这里有一座因酷似巨象而得名的山。

线索 3：第五套人民币 20 元背面图案展示了这里的风景。

嘉宾解读

胡阿祥：桂林，因境内桂树成林而得名，每到秋天，整个城市都弥漫着桂花香气。提起桂林，大家都会想到自然山水的美丽，但其实我印象最为深刻的就是线索 1 提到的桂林的龙脊梯田。龙脊梯田是中国最美的梯田之一。梯田是中国南方一种特殊的农作物种植模式，北方几乎看不到。那是因为南方雨水充沛、山多，适合种植的田地不像平原地区那么多，因此南方地区的人们想到了开发大山建造梯田的方式，尤其是广西、云南地区居多。而且并不是随便一座山就能建造梯田，必须是蓄水方便、植被茂盛、山体小、环境生态良好，尤其是湿度适宜。

康震：龙脊梯田不仅美，而且历史非常悠久。对古代的百姓来说，完全凭借简单的工具把山地变成田园，背后的艰难是难以想象的。中国早在秦汉时期就开始有梯田，农耕是中国人传统的生活方式，当脚下的地理条件不适合农耕时，中国人就会在尊重自然的前提下合理改造地理条件，打造出适合农耕的土地，这充分体现了中国人的传统和智慧。

（正确答案：桂林市）

（正确答案：桂林市）

龙脊梯田位于广西龙脊镇平安村的龙脊山。顾名思义，指的是在龙脊山上开发出来的梯田。梯田景区内居住着壮族、瑶族两大少数民族。"九山半水半分田"的环境使这里的人们靠山依水而居。

龙脊梯田开垦于元代，完工于清朝，距今已有 700 多年的历史。最早到达龙脊的壮族和瑶族先民们，为了解决生存问题，他们咬紧牙关，发挥勤劳和智慧，依靠最原始的刀耕火种，硬是把横亘在面前的茫茫深山，开垦成了如诗如画的壮丽梯田。千百年来，从水流湍急的溪谷到云雾缭绕的峰峦，从森林边缘到悬崖峭壁，凡是能开垦的地方，都开垦了梯田，为的就是能多一口粮食。

叁

闻名不如见面

苏州坐落于江南水乡。这里可以听评弹，穿宋锦，做苏绣，喝碧螺春。这样的环境，让人们可以在喧嚣中寻得一丝静谧、在恬静中洞察世事，在品茶中体味人生，像生活在天堂一般。江南四大才子的诗文书画，各领风骚；范仲淹以天下为己任；贝聿铭从苏州走向世界，代表作遍布世界各地。人们常说"苏湖熟，天下足"，"上有天堂，下有苏杭"，都是在夸这里。苏州又别称"姑苏"。你知道"姑苏"这个名字的来历吗？

嘉宾解读

康震：苏州是一座历史文化名城，具有独特的吴中文化以及别有情趣的民间风俗。昆曲是非常具有代表性的汉族传统戏曲中最古老的剧种之一。据记载，明万历年间，仅苏州昆曲的专业演员就有好几千人，构成了一种蔚为壮观的文化现象。"虎丘曲会"是苏州规模宏大的民间自发的昆曲集会，源自明末文人雅士们中秋聚集在姑苏虎丘山的唱曲活动。每逢活动，有成千上万的曲友聚集虎丘，以曲会友，吟咏较艺，竞技演唱。直到现在，当地还保留了这样的文化传统，这不仅是一种娱

苏州园林

乐活动，更是人们对自身民族历史、传统文化进行的保护和
传承。

胡阿祥： 苏州还有一种传统的曲艺形式是评弹。吴侬软语和小
桥流水一样都是苏州的象征，而苏州评弹就是用吴侬软语表演
的说书和戏剧类曲艺节目。由于评弹的情节曲折离奇，表演扣
人心弦，形式雅俗共赏，所以数百年来流传于江、浙、沪城乡，
社会各阶层人士都非常喜爱，现在的很多茶馆里的评弹讲说依
然座无虚席，非常受欢迎。我们流传下来的古典艺术，在它盛
行的年代也是非常流行的，有着强大的群众基础，因此能够一
直传承下来成为经典，这也证明了它们的生命力是经得起时间
考验的。

（正确答案：因西南姑苏山命名）

**云南巍山彝族火把节是彝族同胞的重要节日。你知道巍山古城
的得名由来吗？**

嘉宾解读

康震： 火把节是中国西南少数民族比较普遍的一个传统民族节
日，它是一种仪式，起源为古代部落时期少数民族的火崇拜，
因为火是光明的象征，代表理想和希望。关于火把节的起源传
说有很多种，几乎都跟农耕有关，可以看出中国很多民族都有
农耕的传统。

（正确答案：是因为古城东南"峰峦高耸，冠于群山。"字本身就有山峰高耸之意）

小课堂：彝族火把节的故事

彝族火把节的起源传说有几个版本。

一种说法是： 一个名叫斯惹阿比的天神与彝族的勇士阿体拉巴
比赛摔跤，阿体拉巴把斯惹阿比摔死了，结果天帝震怒，派了
大批的蝗虫来咬庄稼，庄稼被糟蹋得很厉害。阿体拉巴为了对
付这些害虫，在农历六月二十四的晚上率领彝族人举着火把去
田地里烧害虫，庄稼才保住了。为了纪念这次活动，彝族人把

这一天定为火把节。

另一种说法是：斯惹阿比到人间收税，被阿体拉巴打死了，天帝震怒，释放洪水来毁灭彝族人的家园。后来洪水被彝族人治理好了，天帝又派大批的害虫去损坏庄稼，阿体拉巴和彝族人为了救治庄稼，农历六月二十四日的晚上举着火把去田里烧害虫，因此这天就叫火把节。

3

宁波人对美好的期待，与这方水土息息相关，直接体现在了地名中。你知道宁波是什么意思吗？

嘉宾解读

胡阿祥：从宁波"海定则波宁"的含义就可以看出宁波是一个因航运而繁荣的城市，这里自古就是富庶之地。浙江宁波十里红妆厚嫁之风源于南宋。三书六礼，十里红妆，是从古至今对出嫁女儿的美好期许。

古代风俗百图——彩礼

康震：从 20 世纪 60 年代的"五个一"，到现在的彩礼自由，婚俗传统见证了中国快速发展的经济。中国人的婚俗具有悠久的历史和传统。尽管各地的婚俗不一，但是几乎所有中国人都会为其花费很多的时间、精力、财物，力求办得风风光光，这种大投入背后是对婚姻的美好期许。现在的婚姻，可能形式上有了很多简化，但对嫁娶传统的重视程度一直延绵至今。

鄂温克是鄂温克族的民族自称，其意思是"住在大山林中的人们"，这座"大山林"主要指哪里？

嘉宾解读

胡阿祥：大兴安岭属北纬高寒地区，气候严寒。"兴安"在满语中是极寒之地的意思。世界上很多在高纬度生活的居民都以驯鹿为主要生产和交通运输工具，因为驯鹿的身体适应寒带地区的雪地生活，它们的蹄子宽大，悬蹄比较发达，因此可以在雪地、沼泽和森林中轻松穿越，这是马难以达到的。在中国，驯鹿仅分布在大兴安岭东北部的林区，位于中国北方的鄂温克族是中国唯一饲养驯鹿的民族。

康震：驯鹿既是鄂温克族人的生活资料，也是生产资料，所以他们的很多传统都是建立在与驯鹿相关的生产方式上的，他们的很多文化都与驯鹿密不可分。中国是个多民族国家，地理特征复杂多样，每个地方都有他们独特的传统。

小课堂：中国和鹿有关的地名：

鹿邑县：因"麇鹿甚多，常闻鹿鸣"而得名。

涿鹿：以山下植物"竹"、动物"鹿"而得名为"竹鹿"，按"竹鹿"之音，曾经分别记之以涿鹿、独鹿、浊鹿等许多名称。

鹿寨：当地原是一片深山老林，水源充足，当时此地有许多山鹿，故名。

鹿头镇：位于湖北省枣阳市，传说旧时有石鹿一对，每到夜晚便出来踩踏庄稼，当地人将其中一只石鹿的头砍掉。因为古人都将鹿视为吉祥兽，所以仿刻了鹿头重新安上，鹿头地名因此传承。

白鹿原：在今陕西西安市东灞河与浐河之间。周平王东迁时，有白鹿游于此原，是以名。

驯鹿

肆　名扬天下

南京市　长岭县

肇庆市　呼伦贝尔市　天津市　葫芦岛市

敦化市　沧州市

上海市　高邮市　达日县　台湾省

韶山市　英德市　新津县

太原市　吉安市　长沙市

亳州市　榆林市　东莞市　津市市

华安县　潍坊　杨家埠　珠海市

沧州市　桐梓县　灵宝市　张家界市

呼伦贝尔市　辽宁省　江津区　福建省厦门市

肇庆市　安顺市　平利县　珙县

天津市　葫芦岛市　绵竹市　安宁市　桐城市

驻马店市　广东省　晋中市　鞍山市

吉林省　唐山市　清镇市　盘锦市　延津市

孟津县　敦煌市　盐津县　泸溪县　南充市

天津　杨柳青镇

甘肃省　杭州市　休宁县　沈阳市

桃花坞　新余市　荥阳市　沿河县

开阳县　仙游县

九江市　射阳县　西宁市　苏州

漳州市　铜陵市　四平市　铜仁市

1

在上述表格中，挑选出因传说或神话命名的 4 个地名。

嘉宾解读

康震：这个题目里有几个非常有意思的神话传说，比如说：

韶山市：相传，上古时期舜帝南巡时，携娥皇、女英二妃，来到湘江中的一个景色秀美之处。舜为这仙苑般胜境所陶醉，同乐工即兴奏了一支优美的乐曲，娥皇、女英则轻舒彩袖，翩翩起舞，天上的凤凰也携着百鸟汇集于此，音召凤至，韶山由此得名。

铜仁市：相传，一渔夫在城内的锦江铜岩水底打捞起三尊铜铸的人像，分别为孔子、老子和释迦牟尼。三位"仁"者之尊同时出现于这座山城，这里因此而得名。

仙游县：仙游的得名与"何氏九仙"的传说有关。传说汉武帝时，有何姓兄弟九人在此采药炼丹、普济众生，后来兄弟九人羽化飞升，人们为纪念他们，便称此地为仙游。

灵宝市：灵宝原名桃林，唐开元二十九年（741），陈王府参军田同秀奏称，夜梦太上老君藏灵符于尹喜故宅，唐玄宗派人来此挖宝，得一灵符。玄宗大喜，认为是太上老君赐宝，便将年号"开元"改为"天宝"，同时将尹喜故宅的所在地桃林，改为灵宝。

2

在上述表格中，挑选出中国四大年画产地。

嘉宾解读

胡阿祥：除了杨柳青年画，其他年画也各有特色。杨家埠年画体裁广泛，想象丰富，重用原色，线条粗犷，风格纯朴。桃花坞年画是江南地区的汉族民间木版年画，因曾集中在苏州城内桃花坞一带生产而得名。绵竹年画因产于竹纸之乡的四川省绵竹市而得名，流行于中国西南地区，多

（正确答案：天津杨柳青镇、潍坊杨家埠、苏州桃花坞、绵竹市）

以木版印出轮廓而后填色。

在上述表格中，挑选出 10 个因渡口或驿站得名的地方。

补充解读：江津区：隶属重庆市，隋文帝开皇十八年（598）因此地处长江之要津而命名。

盐津县：隶属云南省昭通县，因此地产盐且有渡口，因而得名。

孟津县：隶属河南省洛阳市，《尚书·禹贡》疏"孟是地名，津是渡处，在孟地置津，谓之孟津"。

延津县：隶属河南省新乡市。春秋时，这里置廪延邑，后地名几经变动，宋徽宗政和七年（1117），因此处有黄河渡口改名为"延津"。

津市市：隶属湖南省常德市，因"傍津设市"而得名。

桐梓县：隶属贵州省遵义市，明洪武六年（1373）置桐梓驿，万历二十九年（1601）改桐梓县。

高邮市：位于江苏中部，秦王嬴政二十四年（前223）在此筑高台，置邮亭，故名高邮。

驻马店市：位于河南省中南部，明宪宗成化十年（1474），崇简王朱见泽在此设立驿站。因为这里地处交通要道，人流密集，驻马投宿的客栈、马店非常多，故名驻马店。

新津县：隶属四川省成都市，汉献帝建安二十一年（216），犍为郡守李严开辟了沟通成都平原与眉嘉平原的新渡口，代替了汉安桥的旧渡口，故名新津。

（正确答案：天津市、江津区、盐津县、孟津县、延津县、津市市、桐梓县、高邮市、驻马店市、新津县）

在上述表格中，挑选出布袋戏主要分布的 3 个省份。

嘉宾解读

胡阿祥：布袋戏是一种用布偶来表演的地方戏剧，最初是在福

建兴起的，现在主要在福建泉州、漳州，广东潮州与台湾等地流传。布偶的头是用木头刻的，身体是用布做的服装。演出时，把手套到戏偶的服装中操作表演。因为偶身极像用布料所做的袋子，就被叫做布袋戏。早期的许多迎神庙会场合里，布袋戏是最常看到的民间戏曲表演之一。

奋斗中国

第三期

探寻地名背后的中国精神

壹

一举成名

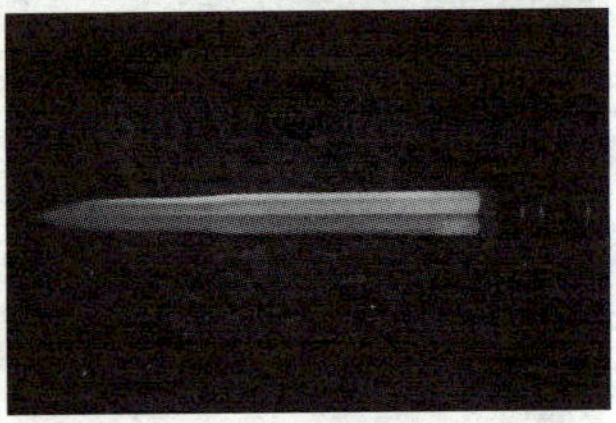

上图都是古代著名的神兵利器，以下选项中，哪个地名的由来与对应的武器匹配正确？

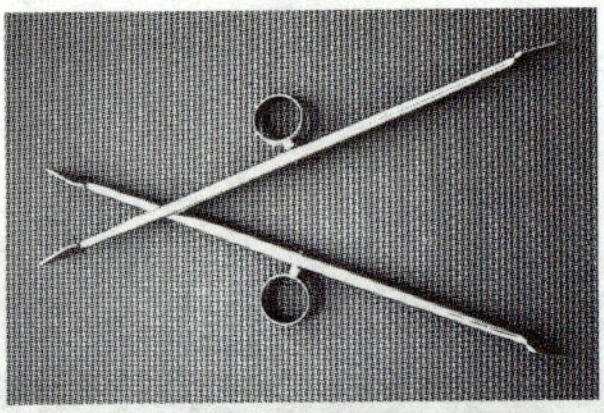

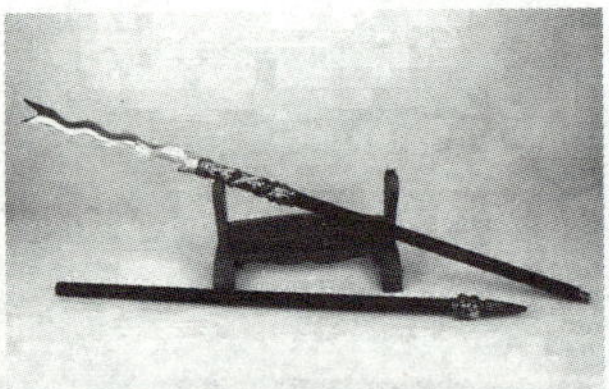

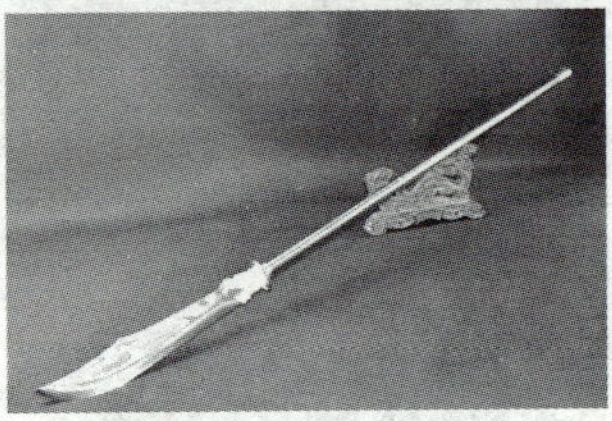

A. 峨眉刺——峨眉山　　　B. 丈八蛇矛——丈八沟

C. 青龙偃月刀——青龙县　D. 龙渊剑——龙泉市

嘉宾解读

康震：相传春秋战国时期，中国古代的铸剑鼻祖欧冶子在这个地方铸剑，他给铸出的第一把铁剑起名"龙渊"。唐朝时为了避讳唐高祖李渊的名讳，改名"龙泉剑"，龙泉市因此得名。龙泉自古就以锻造宝剑技艺精湛著称，是著名的宝剑之乡。

（正确答案是：D. 龙渊剑——龙泉市）

中国古代兵器凝聚着劳动人民的智慧与勇气，叙说着石斧铜戟、金戈铁马的赫赫战绩。中国有很多地方因为制造兵器而得名：

河南安阳的水冶镇，因北魏时期宰相高隆之在这里引水鼓炉，冶铁造器，故将此地命名"水冶"，南北朝时，北魏士兵使用的兵器多在此地打造。

在北京市丰台区境内，以铁匠营命名的地名就有 6 个，它们分别是：铁匠营、东铁匠营、西铁匠营、南铁匠营、北铁匠营和小铁匠营，都是明清时期官方打造兵刃和铁器的工匠营。

大家都知道，"冠军"指的是第一名。在河南南阳市有一个村就以"冠军"为名，而且延用至今已有两千多年。这个村为什么以"冠军"命名？

A. 村里总出状元　　　　B. 一位大将军的封邑

C. 这一带风景冠绝中原　D. 出了一名位冠群臣的宰相

2.

嘉宾解读

胡阿祥： 冠军村是大将军霍去病的封地，他的封号叫"冠军侯"，因为他"功冠诸军"。据说在冠军村，村民们喊"冠军"的"冠"都是念一声的，而冠军作为第一名的含义，也是从霍去病封冠军侯之后才开始的。

康震： 霍去病有句名言叫："匈奴未灭，何以家为！"霍去病一生从无败绩，他十七岁带领八百骑兵深入大漠，大破匈奴；十九岁收复河西；二十一岁漠北决战，歼敌七万，改变了汉朝长期在战争中对匈奴的守势状态，长久地保障了西汉北方地区的边境安全。汉武帝时期有一种积极进取的时代精神。这种时代精神表现出"奋迅""骋驰""奔扬""驰骛"的节奏特征。霍去病出征时，国家已经养马多年，训练了一批骑兵。像霍去

（正确答案：B. 一位大将军的封邑）

霍去病

病这样英勇善战、精忠报国、有胆有谋的人还有很多，他们的
精神铸就了我们的历史。

小课堂:中国历史上，谁是第一个获得"冠军"称号的人?

公元前 209 年，中国历史上爆发了第一次大规模的农民起义。
当时义军中有一位奋起反抗秦朝暴政的大将，名叫宋义。他英
勇善战，十分威武，秦兵屡屡败于他的手下。由于他战功赫赫，
位居诸将之上，于是楚军将士赠给他一个光荣的称号:"卿子
冠军"。《史记·项羽本纪》中就有这样的记载:"诸别将皆属
宋义，号为卿子冠军。"这是中国历史上第一个荣获"冠军"
称号的人。现在还有很多地名类似冠军村，比如山东的胜利村、
浙江的状元镇等等。

南宋辛弃疾用"廉颇老矣，尚能饭否"来表达自己老当益壮、报效祖国的决心。此句出自辛弃疾的《永遇乐·京口北固亭怀古》。京口是哪个城市的古称？

A. 镇江　　B. 北京　　C. 南京　　D. 天津

嘉宾解读

康震：辛弃疾是一个豪气万丈的爱国词人，这首词是他六十六岁那年，面对锦绣山河发出的感慨。词中运用了五个典故，表达自己想要报效国家、收复失地的强烈愿望和不被重用的忧愤。中国还有很多这样的文人，都有这样一种气概，"待从头，收拾旧山河"的岳飞、"上马击狂胡，下马草军书""铁马冰河入梦来"的陆游、"舍我辈其谁堪任之"的闻一多，等等。

长征是中国革命史上不朽的丰碑，是中华民族的英雄史诗。以下哪个地名因纪念红军长征而得名？

A. 江西瑞金市　　B. 贵州遵义市

C. 四川红原县　　D. 甘肃会宁县

画家沈尧伊所作的《长征之路》，形象表现出红军不怕远征难的壮观场面。

嘉宾解读

胡阿祥：这是 1960 年由周恩来总理亲自命名的，意思是"红军长征走过的大草原"。因为当年红军在翻越了大雪山后，就是在红原县这片草原休息、驻扎的。

康震：长征是挑战人类极限的一次艰苦卓绝的大穿越，有人曾说，长征是人类历史上一次震撼世界的行军。红军战士们在路上吃草根、啃树皮，发挥了人类生存能量的极限。中国人自古以来就有一种艰苦奋斗、置之死地而后生的精神。中华民族发展强盛的重要精神支柱和动力来源就是这生生不息的精神。

5

（特别出题人，驻守喜马拉雅山詹娘舍边防哨所 8 年的杜江南）
你们知道"詹娘舍"在藏语中是什么意思吗？

A. 大地之母　　B. 雪的故乡　　C. 最高的山　　D. 雪山孤岛

詹娘舍哨所

嘉宾解读

杜江南：我们的哨所，叫做詹娘舍哨所。这里被称为中国最危险的哨所之一。常年冰雪封山，一年只分夏冬两季，风雪无常，藏族群众说这里是"鹰飞不过去的地方"。每天早上，我们起来第一件事就是升国旗。我们会爬过哨壁，在海拔4655米的悬崖平台上升起鲜艳的五星红旗。即使是气候最好的季节，天气都会说变就变，刚刚还风和日丽，转眼就来狂风暴雪。哨所风大雾大、雨大雪大、云大雷更大。这里是世界闻名的雷区，山石含铁量高，一年雷电期近9个月，雷电击在山崖上，简直像风火轮一样。为躲避雷击，我们每次看见乌云，都只得老老实实坐在床上。詹娘舍哨所所需的所有物资，都要到10公里外的阵地上运输。每年10月前后大雪封山，我们需要从8月开始囤积粮食和生活物资。这些物资一直要持续使用到来年6月冰雪融化之时。

我们对詹娘舍还有另外一个解释。詹，是指远古时代的哨兵站，要在岩穴之上远眺预警；舍，是指居住的房子。这里离家特别远，所以哨兵又把它称为"遥望娘亲的屋子"。其实，一般我们的服役期为3年，但我有三个战友牺牲在那里，我站了8年，替他们守完了他们的服役期。

康震：在解放军硬气豪迈的军歌当中，有一句歌词特别感人："谁没有爹，谁没有娘，谁和亲人不牵肠，只要军号一声响，一切咱都放一旁。"这就是中国军人的写照，我们的战士当中，参军的都是二十岁左右的小伙子，有的甚至是第一次出远门，但就是这样一群小伙子，在危难时刻都能冲上去。他们和我们一样，会思念亲人，但同时，他们也能在4655米的悬崖上站成雕塑。他们既有我们普通人身上最柔软的情感，也有我们民族最刚硬的灵魂。

（正确答案：D.雪山孤岛）

金庸武侠小说《神雕侠侣》中描写了"襄阳之战"，让"襄阳"这个地方被更多人熟知。历史上，襄阳曾和另一座古城合称"襄樊"。请问这座古城是？

6

A. 樊川　　B. 樊良　　C. 樊城　　D. 樊岭

补充解读：不论是南方政权的北伐，还是北方政权的南下，襄阳在南北之争中的战略地位都是非常重要的。历史上，在北方政权统一南方政权的多次战争中，后人早已总结"无襄则无淮，无淮则江南唾手可下也"的历史经验。如，三国时期魏、蜀、吴之争，就以此处为战略争夺点。在蒙、宋战争中，南宋将领对襄阳战略地位的认识非常清楚。早在 1227 年赵范就曾在如何防御金军的进攻时指出：守江必守淮。淮河是长江的屏障，由于长江横亘千里，难以设防，所以必须控制淮河，才能依恃长江天险，而襄阳又是淮河的第一条防线。也正是由于襄阳独特的地理位置，让这座城市在历史中扮演了极其重要的角色。

（正确答案：C. 樊城）

?

绍兴自古就是一个人杰地灵的地方，陆游、王冕、蔡元培、秋瑾、鲁迅等都是绍兴人。"绍兴"之称与哪个朝代的年号有关？

A. 北宋　　B. 南宋　　C. 东晋　　D. 西晋

嘉宾解读

康震：绍兴是南宋开国皇帝赵构的年号，取"绍祚中兴"。中国有很多地名与皇帝年代有关，像福建建安县、江苏宝应县、江西景德镇等等。赵构当年取"绍祚中兴"，是期盼国家能够强盛起来。这种期盼也依托地名变成一种精神，影响着这里的人们，鲁迅就是其中之一。

鲁迅先生出生在中国最贫弱的年代，他一生都在用笔战斗。毛泽东主席评价鲁迅："鲁迅的骨头是最硬的。鲁迅是在文化战线上的民族英雄。"他是一个作家，他发现和提炼了中国人身上最硬的那个东西，他曾说，中国自古以来，就有埋头苦干的人，有拼命硬干的人，有为民请命的人，有舍身求法的人，这就是中国的脊梁。

（正确答案：B. 南宋）

题中画线空白处既是一种花的名字，也是中国"两弹"试验基地的名字。那么它是什么？"____ 开花二十一，二五六，二五七，二八二九三十一。"

A.栀子　　B.芍药　　C.雏菊　　D.马兰

嘉宾解读

胡阿祥：马兰花具有极顽强的生命力，当时勘测队来到罗布泊沙漠选址时，发现该处渺无人烟，但却有美丽的马兰花悄悄绽放，于是将核基地命名为马兰。

康震：从事尖端科技的很多科学家从研究开始就要签署保密协议，在此过程中，不论艰难困苦、喜悦欢乐都无法向旁人提起。他们真正做到了"干惊天动地事，做隐姓埋名人"。他们的成就震撼了世界，而他们自己甘愿默默无闻，就像马兰花默默地开在荒漠里。

小课堂：戈壁滩上，默默无闻的先驱者

1958 年，中国的第一批核武器科研队伍来到此处，开荒破土，进行核武器的研发工作。他们呕心沥血、历经千辛万苦，终于在 1964 年炸响了中国第一枚原子弹，在 1967 年炸响了第一颗氢弹，举国欢腾。因为需要遵守保密协议，有些老兵复员后回到农村，继续原来的生活轨迹，无人知道他们做过什么；有些人身体健康出现问题时，也不敢向医生说出曾经的工作。直到四十年后，电视上播出《东方巨响》《五星红旗迎风飘扬》等纪录片后，他们那段秘密的工作，终于可以被世人所知了。

2019 年 8 月 4 日，东京奥运会资格赛中，中国女排在浙江的北仑训练基地以 3 : 0 完胜土耳其队，成功获得 2020

年东京奥运会门票。你知道女排训练基地"北仑"是因何得名的吗？

A. 北仑山　　B. 北仑河

C. 北仑港　　D. 地处古仑乡北部

嘉宾解读

康震：中国的女排是对排球带着极度的热爱和专注的，她们愿意拼尽全力，她们的灵丹妙药就是她们的意志，永不放弃、永不认输。这种精神不仅是中国体育的一面旗帜，更是整个民族前进的精神动力。中国人有个特点，总是能在绝境中强烈反弹，而且每次反弹总能造就一段辉煌的历史，这和我们的女排精神何其相似。

10

（特别出题人，中国焊接技术奠基人——潘际銮院士）

请看下面几幅版画，描述了中国铁路工人挥洒汗水，建设一条重要铁路的场景，这条铁路北经大渡河，南跨金沙江，穿越大小凉山和横断山脉，创造了人类建筑史上的奇迹。那么这条铁路的两端分别是哪里？

A. 西宁——拉萨　　B. 西安——兰州

C. 成都——昆明　　D. 北京——广州

修建成昆铁路版画

嘉宾解读

潘际銮：这组版画是铁道兵们翻越崇山峻岭、跨越大江大河修建铁路的事迹，都是发生在成昆铁路修建过程中的故事。我们中国的成昆铁路和美国阿波罗号登月、苏联第一颗人造卫星，被联合国并称为"象征二十世纪人类征服自然的三大奇迹"。

我二哥潘际炎是桥梁技术专家，负责成昆铁路上的桥梁建设工作。外国专家曾断定这条路是"筑路禁区"，成昆铁路所处地区的地形地貌特别复杂，全世界都没有在这种地形上修成铁路的先例。要想修成铁路，就要先修桥，1100 千米的成昆铁路上，修建了 427 座隧道和 991 座桥梁，是一座修在桥上的铁路。

在这些桥梁中，有 43 座是栓焊钢桥，这是中国历史上第一次把焊接用在桥梁和铁路上，这件事就是我哥哥带着团队做出来的。当时我们的经济基础和工程技术还比较薄弱，所以成昆铁路上的桥梁建设需要尽可能做到用料少、施工时间短，但是必须保证工程的水平和质量。只有栓焊钢桥才能完成这一目标。现在栓焊技术已经成为了建造桥梁的一项基本技术，但是当时中国还没有这个技术。有一年过春节，家庭聚会的时候，我和我哥哥聊天聊起，以前桥梁都是用的铆接技术，不仅增加了桥梁的承受重量，而且施工困难，需要一个巨大的熔炉来煅烧。要是用焊接技术的话，不用热处理，也不用增加本身的重量。后来，我哥哥修成昆铁路的时候，就把这个想法用在上面了。不仅是几十年前，直到现在，桥梁建设依然在用我哥哥研究的这个技术。

贰
实至名归

1

线索 1：这里有一所以人名命名的著名"985"院校。

线索 2：黄花岗起义发生在这里。

线索 3：它别称"穗"。

嘉宾解读

胡阿祥：广州的别名很有意思。传说古越时期，有五位仙人骑着五种颜色的神羊降临广州，把谷种送给了当地的人，广州很早就有了"五羊城""羊城"和"穗城"的称号。而且，广州四季温暖，鲜花盛开，所以又被叫做"花城"。

康震：广州不只有柔美的一面体现在地名上，它也有厚重的一面体现在历史上。正如我们线索中提到的黄花岗起义。黄花岗起义中，有个烈士林觉民，曾经在《与妻书》中说"倘若我死能激

老一辈画家何孔德、郑洪流在 1962 年创作的油画《广州起义》。

励四万万同胞奋勇而起，吾虽死而犹生"。当时，中国处于最低谷时期，需要有人发出时代强音，黄花岗七十二烈士以一己之身，唤醒了中国四万万同胞。

2.

> **线索 1：与这个城市同名的明清古镇，是中国"四大名镇"之一。**
>
> **线索 2：咏春拳大师叶问是这里的南海县人。**
>
> **线索 3：洪拳大师黄飞鸿也是这里的南海县人。**

嘉宾解读

康震：佛山是有名的武术之乡，是中国南派武术的主要发源地。现在世界上广泛流行的蔡李佛拳、洪拳、咏春拳等不少拳种和流派的根都在佛山。

在民族积弱的的年代，中国出了很多像黄飞鸿、霍元甲之类的民间英雄，他们用自身的武技来锄强扶弱、匡扶正义，他们还自发组织起了一群人，保护家国，维护民族大义。在中国的民间蕴藏着一股力量，这股力量永远存在。每当中华民族濒临危境时，蕴藏在仁人志士和普通民众身上那股不甘屈服的伟大力量就会展现出来。

3.

> **线索 1：在 1946 年 11 月以前这里被称为珠河县。**
>
> **线索 2：女英雄赵一曼在这里英勇就义。**
>
> **线索 3：这里以另一位抗日英雄的名字命名。**

嘉宾解读

胡阿祥：在东北一直流传着一个说法，叫做"南杨北赵"。南有杨靖宇，北就是赵尚志了。就在尚志市，还有一条街，这条街的名字来自我们的另一位英雄赵一曼。这样的人给这片土地留下了长存精神，永远地激励着我们。用地名去记录历史、致敬先烈，这也是我们重拾地名文化的意义之所在。

4

（特别出题人，孙宝范）

线索 1：这是一座年轻的城市，现在这个名字才用了 40 年。

线索 2：这里有一首歌叫《我为祖国献石油》。

线索 3：这里有代代相传的"铁人精神"。

嘉宾解读

孙宝范：大庆市名字的来由就是因为大庆油田。而大庆油田最开始的命名可以追溯到 1959 年，大庆这个地区最开始发现了石油，恰逢建国十周年，而这一块油田的发现又的确是非常值得庆贺的事情，因名大庆。

以前我是大庆文工团创作组的一员，1963 年我被调入大庆油田钻井二大队，随队记录铁人王进喜的工作事迹。我跟随王进喜许多年，从 1993 年开始，我开始撰写《铁人传》，为了让更多的人去了解铁人精神。

胡阿祥：中国创造出的奇迹不是凭空而来的，我们之所以能够有这种时代的飞跃，都是依靠勤劳的国人用双手创造出来的。感谢这些曾经用自己的血肉之躯为社会进步而献身的人。

（正确答案：大庆市）

5

线索 1：被喻为"抗日生命线"的史迪威公路北线和滇缅公路在此相会。

线索 2：滇西抗战纪念馆位于这里的腾冲县。

线索 3：中国人口密度对比线——"胡焕庸线"的南端位于这里。

嘉宾解读

胡阿祥：保山是因为境内的太保山而得名，保山在滇西居中的位置，是中国通往南亚、东南亚的陆上必经之地。也正是因为这样的地理位置，才会成为史迪威公路北线和滇缅公路交汇的地方。

康震：滇缅公路对中国的抗日战争事业起到了非常重要的作

用。海外华侨捐赠的生活物资、药品和世界各国支援的军火都要依赖滇缅公路输入。萧乾先生曾这样评价滇缅公路："世界上再也找不到第二条公路同一个民族的命运如此息息相关的了。"海外华人无论走到哪儿，民族大义永远在心里。

（特别出题人：叶铭汉、闻黎明、华密）

华密：线索 1，《义勇军进行曲》曲作者聂耳在这里出生。

闻黎明：线索 2，朱德、叶剑英毕业于这里的云南陆军讲武堂。

叶铭汉：线索 3，由北大、清华和南开组建的西南联大位于这里。

6

1944 年秋，西南联大中文系教授欢送罗常培赴美讲学（左起朱自清、罗庸、罗常培、闻一多、王力）

嘉宾解读

叶铭汉：我是西南联大的学生叶铭汉，我的叔叔是西南联大的理学院院长叶企孙。

华密：我是西南联大数学系教授华罗庚的女儿华密。

闻黎明：我是西南联大文学院教授闻一多的孙子闻黎明。

叶铭汉：我在西南联大上学的时候，想和同学去从军，我叔叔特别生气，他说："谁叫你们去的？你们明白自己的使命吗？要想我们的国家不遭到外国的凌辱，就只有靠科学！科学，只有科学才能拯救我们的民族。"

华密：有一次，我父亲遇到空袭，差点被活埋，口鼻里全是泥土，耳朵震出了血，他醒过来后，摸了摸自己的脑袋，就继续去上课了。

闻黎明：我爷爷他们师生200多人是一路从北平走到昆明的，徒步走了大半个中国，中间走了一年多，没有吃的就挖野菜，非常艰难。

康震：西南联大在当时的大背景下，跨越大半个中国，走到大后方去。当时西南联大学生心中只有一个信念：读书、救国、回家。昆明在国家危亡的时刻，作为大后方，保护了中国文化的火种，这个火种就是西南联大。在北平、天津相继沦陷后，中国最优秀的三所大学：清华、北大、南开，决定南迁，在昆明组成国立西南联合大学。西南联大保护了一群人，它让一批学术泰斗没有流亡海外，让这个国家最优秀的学生接受了高等教育。

（正确答案：昆明）

小课堂：《西南联大进行曲》勉词：冯友兰

西山苍苍，滇水茫茫，这已不是渤海太行，这已不是衡岳潇湘。

同学们，莫忘记失掉的家乡，莫辜负伟大的时代，莫耽误宝贵的辰光。

赶紧学习，赶紧准备，抗战、建国，都要我们担当！

同学们，要利用宝贵的时光，要创造伟大的时代，要恢复失掉的家乡。

叁

闻名不如见面

南宋祥兴二年（1279）正月十三，文天祥到达这里。他拒绝投降，写下了千古名篇《过零丁洋》"人生自古谁无死"，山门之外的那片海上，南宋灭亡了，只余忠烈"留取丹心照汗青"。那么，这首诗的第三句"惶恐滩头说惶恐，零丁洋里叹零丁"中包含两个地名，其中有一个位于文天祥的家乡吉州，请问是？

嘉宾解读

康震：伶仃洋就位于广东珠江口。南宋末年，文天祥在广东海丰北五坡岭兵败被俘，押到船上，次年写下了这首《过零丁洋》。说到这首诗，最广为人知的是第四句"人生自古谁无死？留取丹心照汗青"。其实，文天祥是可以选择不死的，他在被俘后被关了好几年，这个过程中，他一直被威逼利诱，但是他始终没有妥协。对他而言，他更看重"照汗青"这三个字，也就是历史对他的记载。中国历史是跟无数的人名联系在一起的。这些先贤就是精神坐标，从他们身上，我们可以看到我们的来处，看到我们做人的方向。

（正确答案：惶恐滩）

2.

这座原名为辽县的小城因左权将军牺牲于此而更名为左权。左权将军出生于农民家庭，18 岁投笔从戎，参加过长征，参与指挥过百团大战。1942 年，年仅 37 岁的左权将军壮烈牺牲。请问左权县位于哪个省？

嘉宾解读

胡阿祥：除了左权县，其实还有很多地名都是根据英雄人物命

3

名的，比如自忠县、靖远县、建屏县、尚志市，存瑞镇、刘胡兰镇等，以此来纪念当时的革命英雄。

请问北盘江大桥连接了哪两个省？

嘉宾解读

康震：云贵高原地势险峻、地形复杂，北盘江大桥就是在天堑上搭起的一座桥梁。北盘江第一桥连通了云南普立乡和贵州都格镇。本来两岸往来需要翻越3座山和40公里山路，车程至少要5小时，现在缩短到了1个多小时。中国一直是世界技术一流的造桥国家，甚至被称为"桥的国度"。例如河北的赵州桥、福建的洛阳桥、广东的广济桥、北京的卢沟桥，每一座桥的名称背后都印刻着中国悠久的造桥历史与高超工艺。中国是当之无愧的基建大国，从古至今，中国留下了很多伟大的工程，比如郑国渠、都江堰、京杭大运河。中国人经常说百年大计、千年大计，我们做的每一件事，都是要放到历史中去考量的，中国历史上每一个辉煌时代都留下了辉煌的工程。

北盘江大桥

（正确答案：云南、贵州）

（正确答案：山西省）

67
奋斗中国

肆

名扬天下

在上述表格中，挑选出 6 个因关隘而命名的地名。

嘉宾解读

康震：关隘，就是指关口，或者在交通要道设立的防务设施，比如嘉峪关，因市区西有万里长城终点而得名，意思是"美丽的山谷"。

补充解读：壶关县：隶属山西长治，汉初在此设县，因此处山形似壶，又建有关隘，便称壶关。

大关县： 隶属云南昭通市，清雍正六年（1728）置大关厅（厅是清代独有的地方建制，在民国时因"废府存县"的政令而取消），据《大关县地志》记载："大关以有险可守，关寨重垒，故名。"

马关县：隶属云南文山州，清雍正六年（1728）在此设马白关，因此地多白马，而当地人倒呼为"马白"，故名。

偏关县：隶属山西忻州市。元代置偏头关，因"其地东仰西伏，因名偏头"，清雍正三年（1725）改偏关县。

玉门市：隶属甘肃酒泉市，因汉时罢玉门关屯戍，徙人于此而得名。（今日玉门关故址隶属甘肃敦煌市，不在玉门市。）

（正确答案：嘉峪关市、壶关县、大关县、马关县、偏关县、玉门市）

在上述表格中，挑选出 7 个因军事驻防而命名的地方。

补充解读：左云县： 隶属山西大同市，明英宗正统十四年（1449）并大同左卫、云川卫置，清顺治七年（1650）改为左云卫。

右玉县：隶属山西朔州市，明永乐七年（1409）将玉林卫并入右卫，改称右玉林卫，清初改为右玉卫。

阳高县：隶属山西大同市，明洪武二十六年（1393）在此置阳和卫，明宣德元年（1426）又迁高山卫来此。清初改为阳高卫。

铁岭市：明洪武二十一年（1388）置铁岭卫，洪武二十六年（1393）徙于今辽宁省铁岭市。

张家口市：明宣德四年（1429）在此置堡，为长城重要关口之一。

金门县：隶属福建省泉州市，明洪武二十年（1387）在福建设五卫十二所，金门守御千户所为十二所之一，取"固若金汤，雄镇海门"之意而命名。

威海市：位于山东半岛东端，明洪武三十一年（1398）为防倭寇侵袭，在此设威海卫。

（正确答案：左云县、阳高县、右玉县、张家口市、铁岭市、金门县、威海市）

3

在上述表格中，挑选出 4 个抗战胜利后以中国军舰命名的岛屿。

嘉宾解读

胡阿祥：这四个岛中，太平岛与中业岛位于南沙群岛，中建岛与永兴岛位于西沙群岛。我们以军舰名命名这些岛屿，就是要永远牢记军队建设的艰难，并且宣示这里是中国的领土，任何人不得侵犯。

（正确答案：太平岛、中建岛、永兴岛、中业岛）

4

在上述表格中，挑选出 4 个以英烈命名的街道。

补充解读：在这四人中，有中国革命的先驱，有反抗侵略者的英雄。中国自古以来就有尊崇英雄的传统。在《楚辞·国殇》中有"诚既勇兮又以武，终刚强兮不可凌。身既死兮神以灵，子魂魄兮为鬼雄"之语，而我们今天也以各种各样的形式，纪念那些为新中国建立而抛头颅、洒热血的英雄先烈们，让他们的精神代代传承。

（正确答案：佟麟阁路、赵登禹路、张自忠路、彭刘杨路）

智 慧 中 国

第四期

由地名领略华夏儿女的智慧

壹

一举成名

1

在我国唐朝时期出现了"东京""南京""西京""北京"并存的现象，下面这些唐代地名和现在地名对应正确的是？

A. 东京——洛阳　　B. 南京——杭州

C. 西京——开封　　D. 北京——西安

嘉宾解读

康震：现在提到"东京"，首先想到的就是开封，因为开封在宋朝的称呼就是"东京"。但是在唐朝，"东京"这个称呼是洛阳所有的，也叫"东都"。唐朝时南京指的是成都。唐显庆二年(657)称长安为"西都"，也叫"西京"，天宝元年(742)定称"西京"，长安是西安的古称。在唐朝，"北京"指的是太原，也叫"北都"。

（正确答案：A. 东京——洛阳）

2

《封神榜》是"武王伐纣"的演绎，讨伐的商朝都城是朝歌（Zhāogē）。那么历史上的朝歌位于今天的哪里？

A. 河北省磁县　　　　B. 河南省淇县

C. 陕西省西安市长安区　D. 陕西省乾县

补充解读：淇县隶属河南省鹤壁市，其历史非常悠久。最早淇县名为朝歌，商代帝乙、帝辛（纣）时期，在这里建设别都。西周时为卫国都城，春秋属晋，战国属魏，隋时改为卫县，明洪武元年（1368）改为淇县。

（正确答案：B. 河南省淇县）

豆腐是我国特有的一种美食，相传豆腐是淮南王刘安在八公山机缘巧合下发明的，而八公山的命名缘由是什么呢？

A. 相传八仙过海前曾在此集会

B. 相传淮南王与他的八个门客在此得道成仙

C. 相传山中隐居了八位书生

D. 因王维诗句"海上游三岛，淮南预八公"而命名

嘉宾解读

康震：淮南王是一个兴趣爱好非常广泛的人，他是世界上最早尝试热气球升空的实践者，还编纂了一本非常有名的书《淮南子》。相传淮南王发明豆腐是缘于一次偶然：淮南王一心向道，想要炼丹以求长生不老，本来只想要用豆汁来炼丹药，不料仙丹没有炼成，倒是一不小心让豆汁和石膏混在了一起，发生了化学反应，创造出了豆腐。

4

中国是世界上最早使用纸币的国家。最早的纸币"交子"出自今天的哪个地方？

A. 四川地区　　B. 山西地区　　C. 安徽地区　　D. 广东地区

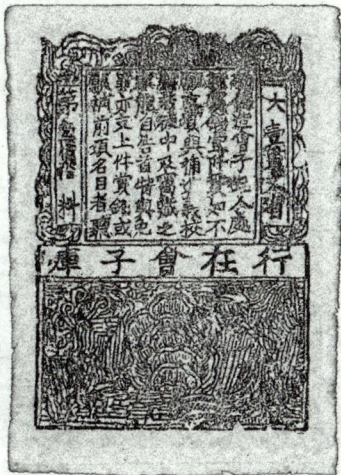

宋朝交子

嘉宾解读

康震：北宋时期，经济繁荣，商贸发达，尤其成都地区，不仅大宗交易增多，交易速度也加快了，需要一种新的交易媒介，交子作为一种信用体系便应运而生。另一方面，北宋科技飞跃进步，造纸术和印刷术非常成熟，防伪技术高超，这是交子产生的基础。交子是世界上最早使用的纸币，比美国、法国等西方国家发行纸币要早六七百年。交子在经济生活中是对社会发展的回应，是非常先进的智慧。

（正确答案：A.四川地区）

5

以下哪部古代文学作品的名称中不包含现实地名？

A.《岳阳楼记》　　B.《游褒禅山记》

C.《永州八记》　　D.《南柯记》

嘉宾解读

康震：《南柯记》是明代文学家汤显祖创作的传奇剧本。讲述的是唐朝时一个名叫淳于棼的人，在梦中进入了蝼蚁的国度——槐安国，为南柯郡太守的故事。成语"南柯一梦"便由此而来。

（正确答案：D.《南柯记》）

6

《孙子兵法》被奉为兵家经典，宋朝以后更被列入"武经七书"之首。《孙子兵法》的作者是春秋时期吴国大将孙武，他被北宋朝廷追尊为"沪渎侯"，请问"沪渎"是今天哪条河流的古称？

A.吴淞江　　B.秦淮河　　C.东江　　D.钱塘江

吴淞江

嘉宾解读

胡阿祥：吴淞江，进入上海市区段俗称苏州河，发源于苏州市吴江区，由西向东，穿过江南运河，在上海市汇入黄浦江。古称吴淞江下游近海处一段为沪渎，因当地居民用"扈"在江海之滨捕鱼为业，故称，这也是上海市别称"沪"的命名来源。后由于长江三角洲的扩张，江身东移，沪渎一名遂移指今上海市区的吴淞江。

康震：孙武之所以被后人称道，最主要的还是他留下的那部兵家圣典——《孙子兵法》，《孙子兵法》是现存最早的兵书，蕴含着无尽的智慧。《孙子兵法》强调对天下大势的了解和运用，讲求顺势而为、借势而进、造势而起、乘势而上。《孙子兵法》强调全局观，注重从全局和大局出发，认为战争的最高智慧为"不战而屈人之兵"，这是一种典型的中国智慧。

（特别出题人，国家图书馆古籍馆副馆长——陈红彦）

《北京内外城图》是现存最早的一幅绢地手绘北京城全图。其中，你会看到前门地区有一条街叫大栅栏，它之所以有这个名字，就是因为曾设有高大的栅栏。那么，前门大栅栏当初设立栅栏有什么目的？

A. 展示财力　　B. 防火防灾

C. 加强治安　　D. 木材交易

嘉宾解读

陈红彦：大栅栏已有500多年的历史了，这里一直是繁华的商业区。大栅栏兴起于元代，建立于明朝。到了清代，这里成为了店铺、旅馆、商贩、优伶云集的地方。因为人口稠密，为了加强城市治安，清代在京城街巷出口设置防卫性质的栅栏，由巡城御使负责管理，按时开关。因为当时的大栅栏地区，店铺财力雄厚，筹资在胡同口修建的栅栏也十分坚固高大、与众不同，因此民间俗称此处为大栅栏。在北京，人们习惯把大栅栏念成"dà shi

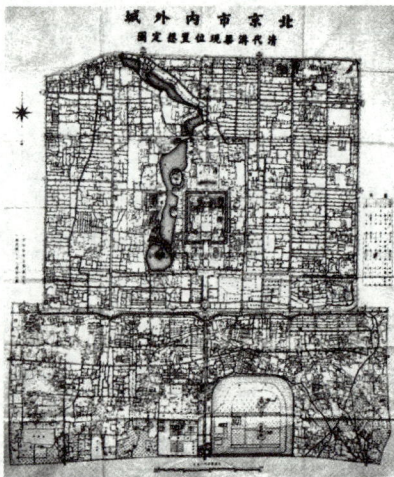

《北京内外城图》

la'r"，再在"栏"的后面加上儿化音。为了照顾大部分北京人的习惯，一些播音教材甚至把大栅栏设为专门词汇，读作"大拾栏儿"。

《北京内外城图》是现存最早的一幅绢地手绘北京城全图，此图纵240厘米，横180厘米，方位上北下南，根据图中王府的绘制情况，可推测此图表现的是清道光年间北京内城和外城的概貌。该图绘制之精细、内容之丰富、色彩之艳丽，在北京城的地图中都是非常罕见的，有极高的文物价值。《北京内外城图》采用平面与立体相结合的方法，凡河湖、水渠均采用平面方法绘制，水面着浅绿色。紫禁城、皇城和内城的城墙、城门、门楼及部分寺观、塔院则采用立体写景法描绘。街道、胡同绘得很详细，且标注名称。展图可览京城宫殿、衙署、寺庙、王公府第等，具有较高的史料价值。尤其值得注意的是，图中用圆形、三角形、正方形等多种符号表现了八旗各旗营戍守京城的分布状况，这些符号注记非常详细，可以与现有史料互相参照，弥补史籍记载之不足。

（正确答案：C.加强治安）

主持编订《授时历》的郭守敬，是元代的邢台人。"邢台"中的"邢"字来源于什么？

A. 邢山　　B. 邢水　　C. 邢国　　D. 刑天

嘉宾解读

胡阿祥：邢国是商周时期的古国。"邢"字在上古时代，通"井"，井旁加邑就是邢。邢台古称邢州，是古邢国的所在地。邢台也

是中国最古老的十大城市之一，后母戊大方鼎的主人商朝王后妇井，也写作妇姘，就是这个地方的人。

（特别出题人，工程师王震华）

赵州桥大家都不陌生，它是我国现存最早、保留最完好的一座石拱桥。那么，赵州桥的名字是怎么来的呢？

A. 姓赵的人修建　　B. 春秋战国时期赵国所建

C. 因所在地得名　　D. 宋高宗赵构下令修建

赵州桥模型

嘉宾解读

王震华：赵州桥所在的赵县，古称为赵州，所以叫做赵州桥。这个模型比原版整整缩小了 50 倍，采用紫光檀、黄檀材质，完完全全的榫卯结构，由 7169 个零件组成，最小零件只有1.2mm。我花了整整两年的时间进行复制。

胡阿祥：其实像这种榫卯结构在生活中的应用有很多，小到家中的木质桌椅，大到悬空寺、故宫等古代宫殿，都是榫卯结构的体现。中国的建筑当中有很多杰出的技术，赵州桥就是对自然规律、力学很巧妙的运用。赵州桥没有用到混凝土却依旧坚固，木质结构中没有一根钉子，而是用榫卯结构巧妙地解决了非常复杂的工程技术问题。

10 中国海基发射卫星"娄星号"，与湖南的城市名"娄底"有关。那么"娄底"名称的由来，正确的是哪一个？

A. 以我国一位天文学家命名

B. 取自诗经，泛指星星

C. 取自中国传统二十八星宿

D. 取"摘星之楼"的意思

嘉宾解读

康震：娄底市是因二十八星宿中的"娄星"和"氐星"在这里交相辉映，所以取了这个名字。古时候，我们的祖先为方便记录星辰变化，将部分天空划分成二十八个区域，称之为二十八星宿。我国是世界上天文学起步最早、发展最快的国家之一。尧舜时代，就设立了专职的天文官，这也是后世"钦天监"的前身。在战国时期，就已有二十八星宿的完备记载。我国有一张

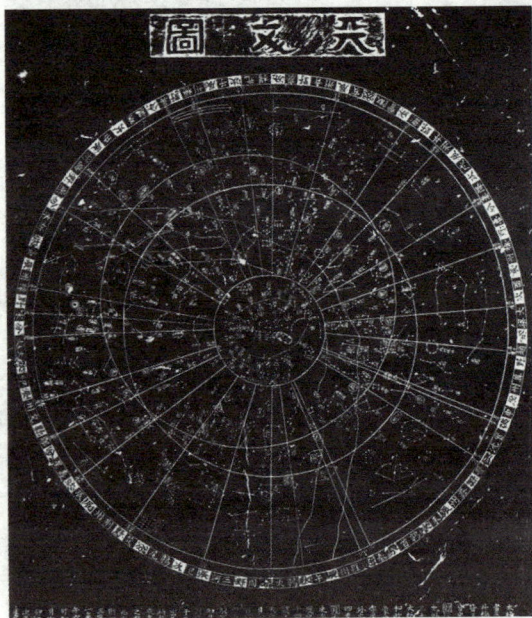

南宋黄裳《天文图》

世界上现存最早的具有二十八宿名称的天文图，它就是距今将近 1000 年的南宋地图学家黄裳所绘制的《天文图》，黄道、赤道、银河在上面都有描绘，绘有星星多达 1440 颗。欧洲直到 15 世纪著录在星图和星表的星数才 1022 颗。中国人对世界的观察，既是一个连续的过程，也是一个逐渐加深的过程，对植物的观察研究形成了《本草纲目》，对山川的观察形成了《山海经》《水经注》《徐霞客游记》，对浩瀚星空的观察形成了《天文图》。中国人就是在对世界的观察中，形成了浩如烟海的典籍、著作，这些都是中国人智慧的积累。

（正确答案：C. 取自中国传统二十八星宿）

贰
实至名归

线索 1：四大发明中，指南针发源于这个版图中的磁山。

线索 2：这里的临漳县有曹魏邺城遗址。

线索 3："负荆请罪"的故事发生在这里。

嘉宾解读

胡阿祥：邯郸这个城市很有意思，它建城非常早，在战国时就作为赵国的都城，至今有 3100 多年的建城史，而且是中国唯一一个从始至终没有改过名字的城市。《汉书·地理志》

中提到，邯郸的地名源于邯郸山，在邯郸的东城下有一座山名叫邯山，郸是山脉的尽头，这儿是邯山的尽头，因此得名邯郸。

康震：和邯郸有关的成语非常多，比如邯郸学步、完璧归赵、负荆请罪、毛遂自荐、黄粱一梦、围魏救赵等。

2

（特别出题人，桥梁建筑工程师姜薪）

线索 1：这里的一座斜拉桥创跨度、吨位、球面平铰直径三个世界第一。

线索 2：南朝著名数学家祖冲之的祖籍在这里的涞水县。

线索 3：北宋设置的"保州"治所在这里。

嘉宾解读

姜薪：保定被称为首都北京的南大门，是京津冀协同发展的重要城市，横跨京广铁路的转体斜拉桥，能够助力保定走上京津冀区域经济发展的快车道。采用转体这样的设计，主要是为了

保定斜拉桥

施工方便。保定斜拉大桥建造的位置位于保定市乐凯大街，是一个交通繁忙的要道，跨越京广铁路等 21 条铁路线，我们通过转体的施工方法，可以避免影响到正常的交通。转体桥这种造桥技术也利于克服地形环境的制约，节省工程造价，同时保证施工过程的安全可靠。

这次施工过程中最难的就是这个转体，它的规模远超以往的纪录。之前的技术在这儿都派不上用场。以往的技术都无法满足保定斜拉大桥重 8.1 万吨、长 495 米的转体要求，最后我们的研发团队经过多次实验，创新了球面平铰，才解决了这个问题。我们此次安装的转铰也是目前世界上最大的球面转铰。它显著降低了摩擦系数，解决了大吨位桥梁转体装置超大承载力、灵活转动的难题。

（正确答案：保定市）

线索 1：地质学家李四光是这里人。

线索 2：四大发明之一"活字印刷术"的发明者毕昇的墓在这里的英山县。

线索 3：诞生 223 位将军的红安县位于这里。

3

嘉宾解读

胡阿祥：毕昇最开始是北宋时期的一个印刷铺的普通工人，他在印刷过程中，发现雕版印刷成本很大，每印一本就要雕一次，而且一个字错了，整本就都错了，所以他总结经验，反复试验，发明了活字印刷术，解决了这个难题。印刷术的发展源于文化传播的需求。北宋时期，文化和知识的传播达到了非常高的高度，对于印刷提出了新的需求，这促使了活字印刷术的产生。而德国人约翰内斯·古腾堡发明活字印刷术还要在 400 年之后。国学大师陈寅恪就说"华夏民族之文化，历数千载之演进，造极于赵宋之世"。北宋的文化艺术、思想、经济、科技等方面都是领先于世界的。

（正确答案：黄冈市）

神农架风光

4 线索 1：这里是湖北省第一处世界自然遗产。

线索 2：这里有华中第一高峰，因此有"华中屋脊"之称。

线索 3：它得名于一个神话人物，是中国唯一称作"林区"的
行政区域。

嘉宾解读

康震：相传神农氏在这里遍尝百草，因山高壁陡，神农氏只好
搭架而上，神农架的名字就是由此而来。神农架是一个地质奇
观，当地有很多珍稀动植物，野生动物多达 500 余种，珍稀
植物有 3000 多种，名贵的中草药有 2000 多种，是一座闻名
中外的珍贵的动植物园。神农尝百草是中国人发现自然、利用
自然的典型尝试，就是用自己的身体一次次地做实验，在尝百
草的过程中，神农发现，植物随季节变化枯荣交替，以及不同
的植物喜欢不同的土壤。其实就是发现植物生长的规律，同时
也奠定了中国中医药这个学科的基础。这是中国人充分利用自
然的智慧。

（正确答案：神农架林区）

（特别出题人，冻土科学家张鲁新）

线索 1：世界上海拔最高的冻土观测站位于这里。

线索 2：青藏铁路风火山隧道的入口位于这里。

线索 3：唐古拉山口位于这里和西藏那曲市的交界处。

嘉宾解读

张鲁新：世界上最高的冻土观测站就是我们的风火山观测站，是我们工作了几十年的地方，在风火山上全长 1338 米的隧道就是世界上的第一高隧，这是我们这几十年最重要的成果之一。至于终年风雪交加的唐古拉山口，在那里工作的人都再熟悉不过了，那是我们常常经过的地方，也是青藏铁路的一个重要节点。

风火山对我来说意义重大。我还记得第一次去风火山的时候，觉得特别漂亮，土是火红色的，山也是火红色的，清晨的太阳和落日的余辉总是红得让人热血沸腾，尤其是对于从事青藏铁路冻土研究的人们，风火山是我们心中的圣地，是我们的青春和奋斗的象征。风火山位于青藏高原可可西里无人区，因风大雷多而得名，是名副其实的生命禁区：最高海拔5010米，大气含氧量只有10.07%，低于人类生存需求12%的极限。风火山地区的冻土非常特殊，再加上气候条件的多变，地形地貌条件的复杂，都非常有利于我们的数据观测。我们在这里建站，进行冻土的各种野外试验和冻土工程的实体试验，这些连续60年做出来的各类试验数据凝聚着我们几代人的心血，支撑了青藏铁路几十年的建设和运营过程。

风火山那里有一座科学城，其中既没有高楼大厦，也没有规模宏大的现代化实验室，那里只有成百上千的白色帐篷和各种试验场地。青藏铁路就是在那样的环境下一步一步建成的。

（正确答案：海西蒙古族藏族自治州）

青藏铁路

6

线索1：在这里的喇（lǎ）家遗址出土了目前世界上最早的面条遗存。

线索2：这里有全国唯一的土族自治县。

线索3：它因位于青海湖以东而得名。

四千年前的面条

嘉宾解读

康震: 海东市喇家村出土的面条距今四千多年，这显示出当地高度发达的智慧。几千年面条史的积累，让中国人将吃面的智慧发挥得淋漓尽致。作为一种主要的日常饮食，全国各地都有不同的面食，有些面不仅是美食，更带着文化、带着智慧，代表着对于长寿的美好祝愿。

（正确答案：海东市）

叁

闻名不如见面

1

你知道"坎儿井"主要分布在新疆哪个地方吗?

嘉宾解读

胡阿祥:新疆气候干旱,地表蒸发巨大,而吐鲁番这里的土壤非常特别,它是砂砾和粘土胶结的钙性土壤,不易坍塌,这一特点为这里大量开挖坎儿井提供了地质条件。"吐鲁番盆地"的意思就是富庶丰饶之地,虽然是荒漠气候,但是却能常年瓜果飘香,种植出的新疆葡萄、新疆哈密瓜远销海内外,这离不开坎儿井的功劳。

康震:坎儿井是智慧的新疆农民创造出的独特的地下输水系统,是世界上最大的地下水利灌溉系统之一。坎儿井大多采用暗渠的方式收集冰雪融水,变为地下潜流,为当地农作物的灌溉发挥了巨大作用。坎儿井是当地生产生活因地制宜的产物,体现了中国人极强的适应性,即使在如此贫瘠的土地上,也能根据当地的自然条件找到合适的生产方式,从而繁衍生息。坎儿井、窑洞、东北的炕、梯田……都是如此。中国人利用土地的智慧和创造性,把土地的生产力发挥到了极致。

京张铁路

上图中展示的这条铁路的起点和终点分别是哪里？

嘉宾解读

胡阿祥：100 年前，詹天佑所建的京张铁路开启了中国铁路建设的新纪元，他设计出"竖井开凿法"和"人"字形线路，凝结着中国人智慧，在当时震惊中外。人字形，让京张铁路在较短时间内，用最低的费用，顺利地完成了全线兴建任务。可以看出中国人面对困难时，从来不是力夺，而是智取，这是贯穿中国历史的思维方式。

（正确答案：北京、张家口）

南京夫子庙因何得名？

嘉宾解读

康震：科举萌发于南北朝时期，真正成型是在唐朝。绵延了一千多年的科举制度，给全体人民提供了向上流动的阶梯，让整个国家有凝聚力，应该说是中国对世界政治体制最大、最智慧的贡献。中国有世界上最庞大的文官体系、最先进的文官制度——科举制度。政治体制和社会治理一直是对一个国家的考验，讲究的是管理智慧。科举制度是当时最公平、最先进、最高效的人才选拔、人才运用和人才流动的制度，也是当时社会进步、社会开放的象征。这种科举制度的政治智慧，凝聚了这个国家的人民，所以才奠定了中国长时间不会分裂的基础。从"世官制""察举制""九品中正制"到"科举制"，我们能清晰地看到中国社会开放与进步的过程，这是对国家治理和社会治理的重大贡献。

古代著名水利工程都江堰，坐落于哪条江上？

嘉宾解读

胡阿祥：设计都江堰最大的智慧，在于它改变了水的流向，从而改变了整个成都平原的面貌，改变了成都平原的生产状况，成就了天府之国。成都平原在古代是一个水旱灾害十分严重的地方，每当岷江洪水泛滥，成都平原就是一片汪洋。一遇旱灾，又是赤地千里，颗粒无收。都江堰是将岷江划分成了五条支流，流向成都平原，实现了排沙、引流的功能。治水在中国历史上有着举足轻重的地位，治水是贯彻中国历史始终的。在大禹治水的时代，世界上都有关于洪水的传说，西方是用诺亚方舟逃离，而大禹则是因势利导，战胜了洪水，这体现了典型的中国人的智慧和思维方式。

都江堰

肆

名扬天下

阆中市　淳安县　荆州市　北京市　楚雄市　宁夏回族自治区

进贤县　商丘市　绍兴市　泉州市　分宜县　天津市

连云港市　福建省　韶关市　佳木斯市

陕西省　丽江市　浙江省

鸣沙山　歙县　重庆市　凤阳县

高密市　江津区　大连市　河源市　稻城县

内蒙古自治区　正阳县　沧州市

常德市　河北省　兰考县　济源市

潼关县　辉南县　揭阳市　赣州市

铅山县　文登区　响水县　厦门市

那曲市　罗田县　甘肃省　乳山市　西宁市　清流县

固原市　延安市　聂荣县　四会市　景德镇市

青海省　普格县　广西壮族自治区　唐山市

百色市　鹰潭市　格尔木市　封开县

拉萨市　泸定县　山西省　广东省　曲阜市

长沙市　扶风县　漳浦县　辽宁省

1

请从地名阵列中，挑选出 4 个在古代有教化寓意的地名。

嘉宾解读

康震：这几个地名非常有文化。

进贤县：据清《进贤县志》载："先贤澹台灭明止于斯，而遂以进贤名其地。"

淳安县：南宋改名淳安县。取"淳而易安"之意。

扶风县：意为"扶助京师，以行风化"。

常德市：取自"为天下溪，常德不离"和"有常德以立武事，因以为戒焉"。意思是，上行德政，下安本分。

2

请从地名阵列中，挑选出 4 个因声音而得名的地方。

嘉宾解读

胡阿祥：这几个城市的命名非常有意思，都是用声音命名的。

响水县是因为水的声音，因为濒临灌河，河床深阔，潮水涨落时水位落差大，支流汇入，跌水声轰响，所以叫响水。

鸣沙山是因为沙的声音，以石英为主的细沙粒，因为风吹震动，沙粒滑落或相互运动，众多沙粒在气流中旋转，表面空洞造成"空竹"效应，发生嗡嗡响声，所以称为鸣沙山。

聂荣县是汉字译写的藏语地名，意为"悦耳谷"。

潼关县是因为河在关内，南流潼激关山，潼浪汹汹，所以叫潼关。

（正确答案：响水县、鸣沙山、聂荣县、潼关县）

3

请从地名阵列中，挑选出青藏铁路途经的 4 个市。

补充解读：青藏铁路是一条连接青海西宁市到西藏拉萨市的铁路，线路全长 1956 千米，共设 85 个车站。青藏铁路因为位于世界海拔最高的青藏高原，有着太多困难与不利因素，如高寒缺氧、冻土问题、环境与生态保护、地形复杂等等。美国现代火车旅行家保罗·索鲁在《游历中国》一书中写道："有昆仑山脉在，铁路就永远到不了拉萨。"然而中国人就是凭着无尽的勇气与智慧，完成了这一个宏伟的工程，达成了震惊世界的壮举。

在上述表格中，挑选出明长城分布的 10 个省、自治区、直辖市。

嘉宾解读

胡阿祥：长城对于中国人来说应该再熟悉不过了，这是我国古代宏伟的军事防御工程。长城的建造历史最早可追溯到西周时期，而明朝是最后一个大规模修建长城的朝代。

长城

追 梦 中 国

第五期

跟随地名开启梦幻之旅

壹

一举成名

1

出土了大量甲骨的河南小屯村被誉为中国文化的起点之一，在改革开放时期，一个名字中同样含有"小"字的村落成为我国农村改革的起点，请问它是以下哪一个？

A. 广东小坪村　　B. 广东小江村

C. 安徽小溪村　　D. 安徽小岗村

补充解读： "小岗村"的历史，就是改革开放后中国农村变革的缩影。1978 年，小岗村的 18 位村民冒着极大的政治风险，按下手印，将原本属于村集体的土地"分田到户"。正是因为他们的勇敢尝试，改变了小岗村的面貌，拉开了中国农村改革的序幕。

（正确答案：D. 安徽小岗村）

小岗村
村民签字手印

2.

"花篮的花儿香，听我来唱一唱，唱一呀唱。当年的 ＿＿＿ 到处是荒山，没呀人烟。如今的 ＿＿＿ 与往年不一般，不一呀般。再不是旧模样，是陕北的好江南。"歌词的空白处是一个地名，也是现在重要的"海水稻"试验基地，请问这个地方是哪里？

A. 青岛　　B. 南泥湾　　C. 温州　　D. 东营

嘉宾解读

葛剑雄：这个"海水稻"是一个很重要的线索。南泥湾是海水稻的实验基地之一。海水稻并不是种植在海水中的稻子，而是用来形容它耐盐碱的一种称呼。因为南泥湾地处西北地区，气候比较干旱，地势又比较低，所以非常容易形成盐碱地。而海水稻可以很好地适应这种环境，还对当地生态环境的改善非常有帮助。

（正确答案：B. 南泥湾）

3.

2022 年北京冬奥会将在北京和河北张家口举行，张家口的奥运村建在崇礼区，那么"崇礼"这个地名因何而来？

A. 因清朝大学士崇礼的宅第而得名

B. 出土的宋代石碑上刻"崇礼里"

C. 取"崇尚礼义"之意

D. 这里有燕昭王筑黄金台礼贤下士的传说

补充解读：此地西汉时属幽州上谷郡，清朝属张家口厅，取"崇尚礼义"之意，分设"崇礼""尚义"二县。中华人民共和国成立后，于1959年2月改为张家口市崇礼区。

相传《西游记》作者吴承恩笔下的"火焰山"在今新疆吐鲁番境内，那么"火焰山"在唐僧取经的时代被称为什么？

A. 炎火之山　　　B. 赤山　　　C. 剡山　　　D. 火山

嘉宾解读

康震：火焰山是《西游记》里少数几个真实的地名，并因西游记而闻名。玄奘去西方取经，是一个勇敢追求的过程，很多人想去但都没有成行，只有他做到了。为了普度众生的终极理想，去追求世界的真理，他就是典型的追梦人。玄奘从长安出发，行走5万余里，途径138个国家，历经17年，带回了佛教经典520箧、657部。返回长安以后，他刻苦翻译佛经，花费了20年翻译出1335卷。玄奘一辈子都为了自己的梦想而忙碌。玄奘的追梦之旅对世界也有深远影响。他根据自己的见闻口述而成的《大唐西域记》中记载了印度的一些历史，为研究当时的印度历史提供了重要的资料。

火焰山

5

《山海经》中，夸父逐日，口渴"饮于河渭"，"渭"是渭水，"河"指的是什么？

A. 淮河　　B. 黄河　　C. 无定河　　D. 长江

嘉宾解读

康震：夸父逐日代表了原始时期人类的一种求知欲——渴望了解世界、渴望掌握规律。夸父带着这样一种使命，去追逐太阳，最终付出了生命。我们从他身上看到的并不是无知和荒谬，而是看到了勇气与渴望。甚至可以说，他是中国人追求梦想的精神写照。

（正确答案：B. 黄河）

6

红军长征时路过鸡鸣三省村，并在这里召开了"鸡鸣三省会议"。鸡鸣三省指的是哪三省？

A. 鄂豫皖　　B. 川陕甘　　C. 云贵川　　D. 陕甘宁

嘉宾解读

葛剑雄："鸡鸣三省"的意思是，早晨一只雄鸡啼晓，三个省都可以同时听到，其实就是恰好位于三省交界的位置。在交界处有一条河，南边是云南境内镇雄县坡头镇德隆村地界，北边是四川境内叙永县水潦彝族乡岔河村地界，这里也被叫做三岔河河滩。鸡鸣三省虽然是一个小小的村庄，但是这里还有一块非常醒目的纪念碑，它是为了纪念"鸡鸣三省会议"的。贵州的遵义会议已经被大家所熟知，鸡鸣三省会议就是对它的一个延续和重要的补充，是一个非常有纪念意义的村庄。

（正确答案：C. 云贵川）

（特别出题人，中国第二代女飞行员——苗晓红）

2017 年 5 月 5 日，我国新一代大型客机 C919，在现场观众的欢呼声中首次飞向天空，填补了航线上没有中国干线喷气客机的空白，让几代航空人得以圆梦。你们知道这架 C919 是

从哪里实现首飞的吗？

A. 杭州　　　B. 哈尔滨　　　C. 上海　　　D. 南昌

嘉宾解读

苗晓红：1956 年，我高中毕业那一年，正好赶上新中国招收第二批女飞行员，我便毅然放弃了高考，报名参军了。选拔很严格，训练也很严格，但是我们都全身心地投入飞行训练当中，每一次的飞行任务我们都绝不含糊。我记得 1963 年，河北地区大水灾，放眼望去一片汪洋，我接到的任务是去灾区空投物资。那时还处于三年自然灾害期间，粮食非常宝贵，不能有一丝浪费。当时天气非常不好，云层低、能见度差，别说精准找到空投目标，就连飞行都困难。但是任务一定要完成，我们就在快到投放点的时候，从 1200 米慢慢下降到 100 米左右再投，最后空投成功了。我还听到了群众们的呼喊，他们在叫：共产党万岁！解放军万岁！我的内心是有成就感的，很开心能够为人民服务。

这次我看到了由我们国家自己制造出来的"民用大飞机"完成

C919

了首飞，我特别兴奋。1989 年退休以后，我从来没有驾驶甚至没有乘坐过由我们国家自主研发的飞机。从开始学习驾驶的那一天起，我就希望能够驾驶自己国家的飞机，这不仅是我自己的梦想，更是我们那一代飞行员心中共同的梦想。所以，我想要挑战一下自己，为这个愿望再努力一把。

葛剑雄：让我们自己研制的大型飞机飞上蓝天，一直是每个中国人渴望看到的。在自主研发制造飞机的过程中，有着非常多的苦难和阻碍，是一个极其艰难的历程，也是追求梦想的过程。不仅仅是C919，像运-20这样的大型军用运输机的研发，都对空军的发展有着重大的意义，它们是衡量一个国家是否具备战略空运能力的重要标志。这是我们梦寐以求发展出来的大平台，也是几代航空人共同的梦想。

（正确答案：C. 上海）

3 "福如东海长流水，寿比南山不老松"是一句常用的祝福语，句中的"南山"是指哪座山？

A. 泰山　　　B. 衡山　　　C. 终南山　　　D. 华山

嘉宾解读

康震："寿比南山"出自《诗经·小雅·天保》中"如月之恒，如日之升，如南山之寿"一句，其中的南山指西安市以南的终南山。终南山是世人可以抵达的"桃花源"地，是隐士非常热衷的地方，它既有佛家名刹，也有道教洞天。有非常多的诗词描写了古人对终南山的向往，比如王维的"太乙近天都，连山到海隅"，这里的"太乙"指的就是终南山；孟郊的"南山塞天地，日月石上生"；李白的"出门见南山，引领意无限"，说的都是终南山。中国的文化当中存在着很多像终南山一样的梦幻之地，比如蓬莱、瀛洲，还有陶渊明描绘的世外桃源。他曾用寥寥数笔描绘出一个安宁静谧的世界，这不仅是他的个人美好憧憬，而且逃出了诗人的个人岛屿，变成世人可遇难求的理想。

（正确答案：C. 终南山）

终南山

9

"神威·太湖之光"是中国第一台全部采用国产处理器构建的超级计算机，在世界超算大会中多次获得冠军。这台超级计算机的名称中有一个地名"太湖"，它的含义是？

A. 地位高，唯我独尊

B. 太后下令凿的湖

C. 有容乃大，"太"即"大"

D. 因湖州而得名

10

一些地名的由来与梦境有关。下面四个地名的由来，哪一个与梦境无关？

A. 江苏梦溪　　　B. 福建梦笔山

C. 浙江天姥山　　D. 四川周公山

嘉宾解读

葛剑雄：梦溪，在今江苏省镇江市旧朱方门外。沈括梦到了一处景色，后来在京口（今江苏镇江市）看到一片土地，发现和梦境中一样，取名梦溪。梦笔山，在今福建浦城县西北，梁朝江淹为吴兴令，相传在此山梦笔，有了梦笔生花的典故。周公山，在四川雅安，诸葛亮征南，于此梦周公，遂立庙。天姥山，在浙江新昌县，有登山者在此听到天上仙女（天姥）唱歌的声音，故名。所以天姥山的地名由来与梦境没关系。

康震：天姥山在唐朝是旅游胜地，《全唐诗》中有450多位诗人写了1500多首诗吟唱天姥山的诗，李白梦笔生花，才思泉涌，作出了闻名天下的《梦游天姥吟留别》。他在诗中写了一个梦中见到仙人聚会的场景，可是自己却不在其中，以此表达自己对自由的追求。在我们历史上，很多的文学作品中或哲学著作中都有关于梦境的描绘。其中有几个梦境非常有名，比如华胥梦、庄周梦蝶、孔子梦周公。黄帝的华胥梦寄托对安乐和平世界的追求；庄周梦蝶表达了一种对世界真相的探寻；孔子借梦周公表达自己恢复周礼的政治理想。这些梦常常是意有所指，代表他们心中的理想与追求。

贰

实至名归

线索 1：在这里能游览楼兰古城。

线索 2：在这里的库尔勒市能吃到正宗的库尔勒香梨。

线索 3：在这里的巴音布鲁克天鹅湖能看到中国最大的野生天鹅群。

嘉宾解读

葛剑雄：巴音郭楞这四个字是蒙古语，意思是"美丽富饶的流域"。事实上这里确实非常富饶，从天山、昆仑山到大漠、大

楼兰古城遗址

湖、大草原、大戈壁，自然景观极其多样，历史也非常悠久。西汉初期这里就有 11 个国家分立，到了东汉的时候，在楼兰设立了西域长史来加强统治。

康震：线索里说到了楼兰。楼兰当时在西域国家中是比较强大的，古楼兰是古丝绸路上西出阳关的第一站，当年在这条交通线上是"使者相望于道"，非常繁华。因为它的地理位置，也成为了贸易的重要枢纽。楼兰古城出土了各个时期的石器、铜器、玻璃制品、丝织品、古钱币等等，甚至还有异域海岸的贝壳、珊瑚，可见当时的繁华。

这个曾经绿草遍地、人往如织的繁荣古城，突然神秘地消失了，留下的只是"城廓巍然，人物断绝"的不毛之地。楼兰古城的遗址地处罗布泊地区，它最终是如何消亡与逝去的，引发着人们无限的遐想，如同一个神秘的梦境，始终吸引着人们对它的发现与探索，成为许多文艺作品重要的题材。它存在了不过几百年，却让无数的文学家、考古学家、历史学家为之心醉神迷。

2.

（**特别出题人，新疆维吾尔自治区的驻村扶贫干部——赛迪**）

线索 1：精绝古城遗址位于这里。

线索 2：历史上的于阗古国也位于这里。

线索 3："四大名玉"之一以此地为名。

嘉宾解读

赛迪：这三条线索其实都与和田地区的历史有关。第一条线索，精绝国是汉唐时期的一个城邦国家，是丝绸之路上的必经之处，一度非常繁华。可能大家都看过与精绝古城相关的影视剧或者其他的作品，如今精绝古城的古遗迹依然存在，就是现在的"尼雅遗址"，在我们和田地区的民丰县。于阗古国也是古时位于此地的一个西域国家，从那个时候开始，就因为盛产和田玉而驰名天下了。

我是一名驻村干部，我在的村庄是新疆维吾尔自治区和田县塔瓦库勒乡塔尔艾格勒村。刚到这个村子的时候，我挨家挨户了解之前情况，发现这个村子种辣椒已经有十几年的历史了，但很多人还是一直收入很低。后来我和村民们朝夕相处，改进传统方式，和他们一起种辣椒、卖辣椒，现在每家每户的收入都比之前翻了好几番，他们就叫我"辣椒书记"了。来到这里一段时间我发现，村民因为考虑成本问题，很大一部分人都会买很便宜的种子，种子的质量会直接影响到产量。后来我通过各种渠道找到了优质种子提供商，考虑到村民的经济问题，我就贷款了二十几万先把种子拿到手，分给村民，让村民收成之后再还种子的钱。种子质量提高了，村民的收入也明显提高了。

康震：这是一个追梦的年代，每一个普通人的梦想实现了，我们的中国梦就实现了。像赛迪书记这样的一群扶贫干部，到艰苦的农村去，帮助当地的人们脱贫，实现他们的梦想。这是一群独特的追梦人，他们追梦的过程和执着、付出让人感动。梦想就是我们这个时代的底色。

线索 1： 这里喀斯特地貌特征显著，"龙宫溶洞群"就是典型代表。

线索 2： 徐霞客赞美这里的黄果树瀑布"捣珠崩玉，飞沫反涌"。

线索 3： 它名字的寓意是"国泰民安，风调雨顺"。

3

嘉宾解读

葛剑雄：贵州这里降水量非常大，气候湿润，同时分布着大量的碳酸盐岩、硫酸盐岩，这些岩石有非常多的孔隙，通过常年的流水作用，发生了化学反应，才产生了这样独特的景观。徐霞客是世界上最早考察研究喀斯特地貌的人，在《徐霞客游记》中，"石山""石峰""间石"都是对喀斯特地形的称呼，而对于非喀

斯特地形则被称为"土山"。构成石山的岩石主要是石灰岩和白云岩，土山岩石则主要由砂岩、页岩构成。可见当时徐霞客已经对喀斯特的岩溶性有了研究。徐霞客对喀斯特地貌的研究地域之广、学科内容之深入、所获成就之卓越，前无古人，后两个世纪亦无来者。徐霞客可以说是世界喀斯特地貌研究之父。

康震：徐霞客的记载和研究，没有用任何仪器，全靠目测步量，但他的考察大都十分科学。比如对桂林七星岩十五个洞口的记载，同今天地理研究人员的实地勘测，结果大体相符。徐霞客少年就立下了"大丈夫当朝碧海而暮苍梧"的旅行大志。从二十二岁离开家乡出门远游，一直到五十四岁去世，他的绝大部分时间都行走在路上，真正做到了读万卷书，行万里路。徐霞客游历考察的三十多年，基本都是徒步跋涉，连骑马、乘船都很少，就是为了获得最真实的第一手材料。他寻访的地方多是荒凉的穷乡僻壤，或是人迹罕至的边疆地区，几次遇到生命危险，出生入死，尝尽了旅途的艰辛。但他始终没有放弃遍览名山大川的志向，持之以恒地完成了自己一生的梦想。

（正确答案：安顺市）

线索 1：都匀毛尖是这里的特产。

线索 2：在这里的平塘县，可以通过"中国天眼"探索宇宙。

线索 3：这里的贵定音寨被命名为"中华布依第一寨"。

嘉宾解读

葛剑雄：天眼坐落于黔南州平塘县克度镇大窝凼的喀斯特洼坑中，这是一个天然的巨大的坑洞，非常接近天眼的设计造型，因此从工程量上来说开挖量最小。这里属于喀斯特地貌，下大雨的话有很好的排水性，不会在表面淤积、损坏和腐蚀望远镜。这附近非常清静，方圆 5 公里没有一个村镇，山崖陡峭林立，山脚浓荫蔽日，无线电环境非常理想。天眼，500 米的口径，历时二十二年建造，投入巨大，设计超前，是世界上迄今为止看得最远、看得最清的望远镜。

康震："中国天眼"这个工程是一个划时代的突破，观测宇宙星空，建一系列高科技的、面向未来的、超前设计的大工程，离我们普通人生活很远。那为什么要投入大量人力、物力去做这样的事情呢？黑格尔曾经说过："一个民族有一群仰望星空

（正确答案：黔南布依族苗族自治州）

喀斯特地貌

的人，他们才有希望。"中国是世界上记录天文现象最连续完整的国家，很多朝代都有钦天监来负责观测天象。屈原会写出《天问》这样的篇章；陈子昂登幽州台发出"前不见古人，后不见来者"的感叹；庄周会做出我梦蝴蝶还是蝴蝶梦我这样的思考。还有像郭守敬、黄裳、张衡等科学家，我们的国家和民族从来就不缺少这样的人。

5

线索 1：这里曾称"肃州"，甘肃的"肃"因此而来。

线索 2：在这里的敦煌莫高窟能看到飞天壁画。

线索 3：中国最早创建的卫星发射中心以它的名字命名。

嘉宾解读

康震：线索中提到的飞天壁画一直是莫高窟最有名的壁画内容。飞天一直是一种神话的幻想。万户是第一个利用火箭实践飞天梦想的人，他把 47 个自制的火箭绑在椅子上，自己坐在椅子上，双手举着大风筝，想要飞上天空。他是世界上第一个想要利用火箭飞行的人，国际天文学联合会为了纪念万户，还

专门将月球上的一座环形山以万户命名。

敦煌飞天壁画

古有敦煌飞天、万户飞天，今天有酒泉卫星发射中心发射的运载火箭，中国人自古至今，都没有停止过对宇宙的探索和对飞翔的追求，而酒泉就是中国千年飞天梦想的见证。酒泉这里的条件非常艰苦，人们最早进入这里的时候只是一片戈壁滩，而我们就在这里从无到有，建起来一座航天城。为了实现飞天的梦想，在那么一穷二白的年代里，工业基础极其薄弱，要做到这些需要极大的勇气和气魄，付出巨大的努力和投入。酒泉的火箭发射基地，正是承载了中华民族数千年的飞天梦想。

线索 1：马蹄寺石窟位于这里。

线索 2：这里能看到中国干旱地区非常典型的丹霞地貌。

线索 3：这里曾称"甘州"，以"张国臂掖，以通西域"而得名。

6

丹霞地貌

嘉宾解读

葛剑雄：没错，"张掖"和"甘州"是张掖历史上反复交替使用的名称，其中张掖作为地名的历史更久。线索中也提到了，汉朝时候应劭所说，"张国臂掖，故曰张掖。"张掖这里有着很多造型奇特的丹霞地貌。"丹霞"一词出自曹丕的《芙蓉池作》诗："丹霞夹明月，华星出云间。"丹霞原指天上的彩霞，由此可见，丹霞地貌之美，本应天上有。随处可见红、黄、橙、绿、白、青灰、灰黑、灰白等多种鲜艳的色彩，把无数沟、山丘装点得绚丽多姿，就像是上天打翻的五彩盘，大自然的鬼斧神工让这里成了一座梦幻之城。

叁

闻名不如见面

1

甘肃省龙湾村所在县的地名寓意是"景象繁荣，国泰民安"。根据这个寓意，你能猜出是哪个县吗？

嘉宾解读

康震：黄河石林所处的龙湾村在被发现之前一直与世隔绝，不为人所知，等到村子里的盘山公路建成的时候，人流量变多，这里的人们把整个村子做了规划和改造，当地的村民自己创业、就业，村子有了原生态的美，同时也实现了他们脱贫致富的愿望。现在我们到黄河石林旅游，可以划着最正宗的羊皮筏子进入峡谷，到了峡谷入口再坐上驴车或者骑马，正如陶渊明笔下那种安居乐业、宁静喜悦的世外桃源。这个地方就如同它所在县城名字的寓意：景象繁荣，国泰民安，处处寄寓着人们对生活和国家的美好愿景。

（正确答案：景泰县）

2.

茶卡盐湖被旅行者们称为中国的"天空之镜"，被国家旅游地理杂志评为"人一生必去的 55 个地方"之一。茶卡盐湖的形成原因是，在青藏高原的形成过程中，部分海水积留在低洼地带，形成了许多盐湖和池塘，茶卡盐湖就是其中之一。夜色来临，茶卡盐湖上空星光明亮而灿烂，银河仿佛从天空倾倒而下，落入湖面。头上繁星点点，脚下星空漫漫，如梦如幻，人似乎站在了宇宙的中央。

请问茶卡盐湖的"茶卡"在藏语中是什么意思？

嘉宾解读

葛剑雄： 茶卡盐湖是在青海省海西蒙古族藏族自治州境内的一个结晶盐湖，也是柴达木盆地四大盐湖之一。茶卡，藏语的意思就是盐海。与其他盐湖不同的是，茶卡盐湖镶嵌在雪山草地间而非戈壁沙漠上，其湖面像镜子一样，反射着美丽得令人窒息的天空景色，云朵触手可及，湖面在白色盐晶体之上，漫步如梦如幻。

（正确答案：盐池）

茶卡盐湖

（特别出题人，治沙连功臣代表——席永翠、席彩娥）

毛乌素沙漠位于陕西省榆林市长城一线以北，1959 年以来，人们大力兴建防风林带，引水拉沙，引洪淤地，开展了改造沙漠的巨大工程。毛乌素是世界上第一个被消灭的沙漠，这是一个非常了不起的成就。

你知道"毛乌素"在蒙语中的含义是什么吗？

嘉宾解读

席永翠："黄风呼呼不见天，黄沙漫漫不见边"，在这里每次劳动回去都是出土文物，全都是一身沙，睫毛满是沙，耳朵一掏也是沙。一个日记本中记录了治沙女子的艰辛，"从小没有离开过爹妈的小女子们，心里越发慌地住不下，想家哭鼻子。""吃，没有副食，每天白开水、高粱加青稞面馍。"没有树苗，全靠她们自己去 20 公里外的王家峁村背，背着七八十斤的树苗，翻沙越梁，如遇到大风天气，便被风吹得走两步、退一步，然而她们全体唱信天游解乏，然后互相鼓劲，背回树苗。当时因为治沙条件艰苦，所以有规定，一旦队员结婚，就得离开连队，为此我 3 次推迟了婚期，和队员们一呆就是 8 年。

葛剑雄：人在自然面前是很渺小的，但人的力量也是很强大的，能够把沙漠变成绿洲良田，这是人类历史上绝无仅有的，然而中国人做到了。

康震：治理毛乌素沙漠的很多人出生在沙漠地，世世代代与沙漠抗争。改变生存环境是他们所有人的梦想，是几代人的夙愿。不怕苦、不怕累，这是治沙连的精神，背后凝聚的是一种力量。"不积跬步无以至千里，不积小流无以成江海。"依靠这种天压不垮、地磨不灭、流沙埋不掉的精神，才能实现我们的中国梦。

（正确答案：水质不好）

肆

名扬天下

辽宁省　内蒙古自治区　兰考县　西宁市

嘉荫县　唐河县　漠河市　陕西省　吉林省

根河市　乐陵县　梁山县　青田县

开封市　宁波市　蒲县　平遥县

双鸭山市　大安市　广东省

汕头市　甘肃省　滕州市

漠河市　肥城市　泉州市　包头市

日喀则市　和县　高安市

龙泉市　萧县　磐安县

宁夏回族自治区

聊城市　永顺县

祁门县　青阳县　厦门市　舟山市

太原市　乐平市　鹤岗市

上杭县　温州市　毕节市

永和县

武安市　嘉峪关市　海盐县

灵璧县　上海市　仙桃市

鸡西市　新疆维吾尔自治区

黑龙江省　玉林市　青海省　莲花县

在上述表格中，挑选出 7 个港口城市。

补充解读：上海市：长江入海口，濒临东海。

舟山市：位于浙江东北部，东边为东海，西边为杭州湾。

宁波市：浙江省经济中心之一，是"海上丝绸之路"的东方始
发港。

温州市：位于浙江省东南部，东临东海。温州港是全国主要港
口之一。

厦门市:位于福建省东南部,厦门港是中国沿海主要港口之一,是东南国际航运中心。

汕头市:位于广东省东部,南濒南海,是东南沿海重要的港口城市,也是"海上丝绸之路"的重要门户。

泉州市:位于福建省东南部,别名鲤城,是"海上丝绸之路"的起点。

2

在上述表格中,挑选出 3 个位于黑龙江且与动物有关的地名。

补充解读:鹤岗市:相传以前这里有鹤群飞落,得名鹤立岗,之后简称鹤岗。

鸡西市:因坐落于鸡冠山以西而得名。

双鸭山市:因为此处山形酷似两只野鸭,因而得名。

3

在上述表格中,挑选出 4 个因河而得名的地方。

补充解读:嘉荫县:在黑龙江省伊春市,因为境内的嘉荫河得名。

唐河县:在河南省南阳市,以唐河命名。

漠河市:因黑龙江支流漠河而得名。

根河市:在内蒙古自治区呼伦贝尔市,因根河而得名。

4

在上述表格中,挑选出三北防护林区域涉及的 9 个省份。

嘉宾解读

葛剑雄:三北防护林工程指在中国西北、华北和东北三个地区建设的大型人工林业生态工程,对改善三北乃至全国的生态环境非常重要。按照总体规划,三北工程的建设范围包括陕西、甘肃、宁夏、青海、新疆、山西、河北、北京、天津、内蒙古、辽宁、吉林、黑龙江,共 13 个省级行政区。

美 丽 中 国

第六期

寻找地名中的文化之美

壹
一举成名

1

《清明上河图》描绘了北宋都城"东京"的生活万象，图中展示纤夫们拉船抢险的场景，这个场景最有可能发生在下面哪条河上？

A. 淮河　　B. 汴河　　C. 长江　　D. 海河

《清明上河图》（局部）

补充解读：《清明上河图》描绘的是宋徽宗时代，首都汴京（今河南开封市）清明时节的繁荣景象。在画面中段描绘的汴河上的虹桥码头区是画卷的高潮部分。

汴河，即通济渠。隋炀帝时，发河南淮北诸郡民众，开掘了名为通济渠的大运河道，引穀、洛二水入黄河，经黄河入汴水，再循春秋时吴王夫差所开运河故道引汴水入泗水以达淮水。故运河主干在汴水一段。

（正确答案：B. 汴河）

中国是美食大国，对菜肴的命名十分讲究，许多菜名中也包含着地名。下面菜名与地名的对应有一个是错误的，是哪一个？

A. 西湖醋鱼——西湖　　　　B. 龙井虾仁——龙井

C. 千岛扒鱼脸——千岛湖　　D. 粽香花溪鳖——花溪

（正确答案：D. 粽香花溪鳖——花溪）

嘉宾解读

康震：花溪鳖是一种鳖的名字，主要产在太湖流域一带。所以粽香花溪鳖中与花溪对应有误。

3

江南园林是中国古典园林的杰出代表。以下江南园林中，因遍植青竹而得名的是？

A. 留园　　　B. 个园　　　C. 狮子林　　　D. 沧浪亭

嘉宾解读

康震：乍一看可能"个"这个字和竹子没有什么关系，但其实三片竹叶的形状非常像"个"字。这个名字取自袁枚的诗句"月映竹成千个字"。满园都是青竹，便叫"个园"。其他几个选项也都是有名的园林建筑。留园是因为园主姓刘，"刘"和"留"同音，所以改成了现在的"留园"。狮子林也是苏州非常著名的园林，因为园中有许多怪石非常像狮子，因此命名。沧浪亭因为它临水而建，取《楚辞》里"沧浪之水"前两字，所以叫沧浪亭。

葛剑雄：南方民间人造园林非常讲究自然本真，它的建筑形态都非常接近自然。就像园林建筑没有特别突兀的颜色，园林中的山水花木也都是在极力模仿它们在大自然中的状态，这是我们中国园林建筑独有的审美和特色。

中国人造园林，表现了很强的世界观，在一个小环境里经常描绘一个世界，层次分明——有山有水、有鸟有兽、有花草虫鱼，虽然空间很小，但别有韵味、信息丰富，这是对世界的一种简约表达。个园就是一个代表，在个园里，我们看到了主人对竹子的应用非常之妙，品种不下几十种，竹子这种独有的材质魅力和高贵的品格，反映出了天人合一的精神情趣、人和自然和谐相处的观念，浑然天成，取法自然。

（正确答案：B.个园）

4

中国五千年历史源远流长，唐三彩是传统艺术中浓墨重彩的一笔。唐三彩主要用色有三种，以下哪个地名包含的颜色不在其中？

A. 长白山　　　B. 黄岩市　　　C. 绿春县　　　D. 紫金山

唐三彩马　　　　　　　　　　　　　　　　　　唐三彩骆驼

嘉宾解读

康震：唐三彩的"三彩"指的是多彩，以黄、绿、白三种颜色为主。唐三彩主要分布在长安和洛阳两地，在长安的称西窑，在洛阳的则称东窑。唐三彩通过缤纷的色彩，完美体现了大唐异色纵横、华丽灿烂的旋律。唐朝是一个极其开放的朝代，各种文化、各种审美在这个地方融合，所以唐三彩在用色上十分大胆。在题材方面，唐三彩的题材表现出了一种开放性，唐三彩中千姿百态的骆驼形象也是丝路文化的一种体现。唐三彩在颜色上是浓墨重彩的，各种颜色尽情地使用，充满了激情，反映出了盛唐气象。

（正确答案：D. 紫金山）

美丽的景致会让人念念不忘，比如吉林的"雾凇"，北京的"卢沟晓月"或者黄山的"云海"，而杭州西湖的美景最为人称道。那么你知道下面的景色中，哪一个不是来自杭州西湖的吗？

A. 南屏晚钟　　　B. 花港观鱼　　　C. 雷峰夕照　　　D. 西山晴雪

西山晴雪

补充解读："西山晴雪"是燕京八景（太液秋风、琼岛春阴、金台夕照、蓟门烟树、西山晴雪、玉泉趵突、卢沟晓月、居庸叠翠）之一。西山是太行山的一支余脉，西山晴雪泛指西山上的雪景。

"峨眉天下秀，青城天下幽"，四川的峨眉山以秀美的风光闻名天下。那么，"峨眉"因什么而得名？

A. 谐音　　　B. 女子妆容　　　C. 人物　　　D. 动物

嘉宾解读

葛剑雄：峨眉山以"两山相对，望之如峨眉"而得名。"峨眉"源于"蛾眉"。蛾指蚕蛾，蛾眉指的是眉毛像蚕蛾的触须一样，细长而且弯曲，后也借指美丽的女子。峨眉山形如美女细弯的眉毛。在中国各地，有很多的山都因为山形与古代女子的妆容和发饰相像而得名。如位于四川省普格县的螺髻山，山体高耸，山顶像是古代女子将头发挽成螺壳状的一种发式，因此得名。位于江苏省的丫髻山，因为从远处看两座山峰，好像古代女子发式中的双丫髻一样，故名。

天青釉又称"雨过天青"，色调幽淡隽永，是宋代"五大名窑"中汝窑的工艺典范。那么，汝窑因何而得名？

A. 地处汝州　　B. "你"的古称

C. 汝阳王所建　D. 取自"玉汝于成"

嘉宾解读

葛剑雄：汝窑的不凡在其釉色，釉色以天青为主要颜色，亦包含天蓝、粉青、月白等色，有"雨过天青云破处，这般颜色作将来"的美誉，被历代称颂，被称为"宋瓷之冠"。汝瓷"开片"堪称一绝，开片就是说传世的汝官窑瓷大多器表有纹片，无纹片者极少见。开始时是器物于高温焙烧下产生的一种釉表缺陷，行话叫"崩釉"。这本来属于瑕疵，但在文人眼里却成了艺术效果，皇宫贵族也相当崇尚。北宋汝窑在天青釉的烧制上取得了巨大成就，对后世青瓷烧制产生了不可估量的影响。

康震：在宋代，美学达到了极高的水准，宋代的美堪称世界顶级美学。我们说"绚烂至极，归于平淡"，而汝窑就是简约的几何形状，颜色也十分简洁。这种极致的美体现在工艺方面，是可遇不可求的，就像画画的最高技术是不用颜色，只用墨来画，最简单的反而是最难的。

汝窑瓷器

汝窑瓷器

3

米仓道是从关中翻越大巴山通往蜀地的道路。米仓道从今天陕西的哪个地区通往蜀地？

A. 宝鸡地区　　B. 安康地区　　C. 汉中地区　　D. 商洛地区

嘉宾解读

葛剑雄：米仓道是古代汉中通往蜀地的重要道路，有多条分支，都是从汉中各县翻越米仓山前往蜀地的道路，这些道路一般通称为米仓道。《读史方舆纪要》记："自南郑而南，循山岭达于四川保宁府之巴州，为米仓道。"

?

铜是我国古代的重要资源，因生产铜得名的地方有很多，比如安徽铜陵铜官山。香炉是古代铜器的重要组成部分，也是古人文化生活中的常用品，请问在下面几种铜香炉名中，哪一个含有地名？

A. 莲花炉　　B. 宣德炉　　C. 博山炉　　D. 乳足炉

西汉错金博山炉

120
中国地名大会

嘉宾解读

康震：博山炉又叫博山香炉，是中国汉晋时期民间常见的焚香所用的器具。炉体呈青铜器中的豆形，因象征传说中的海上仙山——博山而得名。莲花炉因形似莲花而得名，流行于宋代。宣德炉是中国历史上第一次运用风磨铜铸成的铜器，明宣德皇帝朱瞻基曾亲自督促铸造，在宣德年间制作最为精良。乳足炉流行于明清时期，因三足似乳头而得名。

（特别出题人，装束复原团队美术组组长——胡晓）

下面这四件服饰分别来自四个不同的朝代，请将她们与其对应朝代的首都进行连线。

10

A. 东晋服饰　　1. 长安

B. 北魏服饰　　2. 开封

C. 北宋服饰　　3. 建康

D. 唐代服饰　　4. 洛阳

嘉宾解读

胡晓：我们常说"爱美之心，人皆有之"，每个时期、每个朝代都有自己的审美，对于妆容也会有很多自己的特点。中国古代有些妆容很有趣，很多比现在的彩妆还夸张。唐朝时候，口红的色号还挺多的，但不一定是在同一个时期。中唐时期流行黑唇，乌红乌红的，用乌膏注唇。白居易有首诗里面写道"乌膏注唇唇似泥"，说的就是这种妆容，另外还有很多夸张的妆容，像桃花妆之类的。不仅妆容有趣，中国古人的穿着也很时尚。我们在复原一些服装时会发现，原来古人这么时尚，古代也有背带裙、吊带裤等等。

可能说到浓妆艳抹就会让人想起唐朝，其实在南北朝时就有了，只是唐朝更为夸张、极致。唐朝女人爱美，不是给男人看的，而是讨好自己，特别是武则天时期，崇尚丰韵之美，不会刻意管自己的嘴巴，这都是自我觉醒的表现。中国的美，每个时期都有自己的特点，但是大多数都是欣赏自信美、健康美。

康震：中国人对美的感受是不断地变化的。唐朝以丰腴为美，和时代有关系，那时崇尚雍容华贵、自然健康。宋代以瘦为美，崇尚纯朴淡雅，但其实"清水出芙蓉"这种主流的基调一直没有变，对女性的审美还是以柔美为主。南宋周辉的《清波杂志》中记载："时以妇人有标致者为韵。"韵就是美。美是共通的。费孝通说：美美与共，天下大同，美是可以超越语言，超越文字的。雍容华贵代表了国家、民族的盛世气象，也是主流的审美。

贰

实至名归

（特别出题人，江苏省工艺美术大师黄春娅、苏州刺绣研究所研究员杨敏华）

《姑苏繁华图》（局部）

杨敏华：线索 1：这幅作品描绘的就是这里的场景。

黄春娅：线索 2：洞庭碧螺春是这里的特产。

杨敏华：线索 3："姑苏城外寒山寺，夜半钟声到客船"描绘的就是这里。

嘉宾解读

黄春娅：姑苏是苏州的别称，线索 1《姑苏繁华图》描绘的就是苏州繁华风流的景象，这幅作品最早是清代宫廷画家徐扬创作的风俗画。

苏绣是苏州的著名特产，苏绣所有的技法都是为了追求自然、

苏绣

表现美。苏绣有原色 88 种，近两千个色相，这些色彩在不同的光线、刺绣方向呈现出来的颜色又有不同，需要很淡的色彩，正常的一根线可能无法达到想要的效果，常常要劈丝，一根线分成 48 根丝，然后还得竖着来绣，因为竖着绣会比横着稍浅。我们每个绣娘都要经过至少十年系统的研修班学习，除了技艺课之外，还会邀请一些大学老师过来讲课，内容包括绘画、书法、文学等等。

杨敏华：我们一般工作都要在日光下进行，就是为了避免光线对于苏绣颜色的影响，冬天和夏天的阳光也不一样，所以冬天上下班时间是 8：15—16：30，夏天则是 8：30—16：15。在刺绣之前，一般都需要先洗手，因为手上有汗的话容易污染底布。有些特别精细的丝绸，刺绣期间不可以化妆，粉会掉在上面，说话时也要捂着嘴，防止口水喷溅。对于刺绣时穿着的服装也会有要求，不能穿太厚或者有绒毛的衣服，绒毛掉到丝线里，会破坏丝线的颜色。

（正确答案：苏州市）

2.

线索 1：《茉莉花》是这里的市歌。

线索 2：杜牧曾写这里："二十四桥明月夜，玉人何处教吹箫。"

线索 3：这里是淮扬菜发源地之一，淮扬菜的"扬"指的正是这里。

嘉宾解读

葛剑雄：扬州地处京杭大运河和长江的交汇地域，长期以来为南北交通的要冲，其腹地又是鱼米之乡，物产丰盛。这些优越的条件使得扬州在历史上曾是繁荣一时的商业中心，当地的烹调技艺也因此得到了较好的发展，逐渐形成独具特色的风味菜——扬州菜。

扬州是淮扬菜的发源地之一，淮扬菜看名扬天下，为全国四大菜系之一，迄今已有1600年的历史。淮扬菜非常精致，在中国烹饪界有一个16字箴言："食在广州，味在四川，汤在山东，刀在淮扬。"说的就是淮扬菜注重刀工，每个菜都把细节的美展示到极致。

康震：应当说，一部淮扬菜史，就是一部扬州人的生存史、奋斗史、发展史，也是一部扬州文化史！扬州已经成了美学地名，它代表了一种文化、一种审美。历史上，有很多文人都要在扬州走一走的。有一句话说："腰缠十万贯，骑鹤下扬州。"在这个地方你能体会到一切的美好。

（正确答案：扬州市）

线索 1："五四红楼"位于这里。

线索 2：王府井大街位于这个区。

线索 3：这里有世界上现存规模最大的木结构宫殿建筑群——北京故宫。

3

北京故宫

嘉宾解读

康震：作为一个皇家建筑群，故宫的设计建造带着强烈的意识形态和政治理念，故宫建筑体现了天圆地方、中轴对称、均衡有序、端庄威严，强调了一种天下观、世界秩序，还有皇权，身在其中你能强烈地感受到皇家气派、王朝气象、皇权威严。

（正确答案：北京市东城区）

4

线索 1：慕田峪长城位于这里。

线索 2：这里的雁栖湖国际会议中心是 2014 年 APEC 峰会的举办地。

线索 3：这里的地名有"怀远以德"之意。

嘉宾解读

康震：怀柔区在北京市东北部，地处燕山南麓。这里也是古人类活动区域之一，曾多次发现旧石器、新石器时代遗址。

（正确答案：北京市怀柔区）

5

线索 1：上海的城市原点位于这里。

线索 2：和平饭店坐落在这里。

线索 3：在这个版图内的中共一大会址是石库门建筑，中西合璧，美不胜收。

嘉宾解读

葛剑雄：石库门是中西合璧的近代新型建筑。上个世纪二三十年代，随着大量外国人来到上海，中西结合的石库门应运而生。这种建筑大量地吸收了江南地区民居的式样，以石头做门框，以乌漆实心厚木做门扇，所以得名"石库门"。上海的旧弄堂就是石库门建筑，它已经成为老上海的一个文化符号。上世纪，大量文人在上海弄堂里写出传世佳作，各界人物在这里搅动风云，创造了形形色色、风情独具的弄堂文化。

（正确答案：上海市黄浦区）

线索 1：中国历史上第一家正式电影院在这里。

线索 2：《建国大业》等电影作品都曾在这里的浦江饭店取景。

线索 3：这里曾经建有四座"虹桥"。

嘉宾解读

葛剑雄：虹口区因境内有虹口港而得名，曾经是连接东西方文化、见证上海发展的地方。三十年代的虹口那可是不得了，孕育出百年虹口深厚的文化积淀。这里是海派文化发祥地，虹口的气质里藏着文人墨客的书香，鲁迅、瞿秋白、郭沫若、叶圣陶等等，很多现代文学泰斗都曾在虹口长期工作、生活过。

作为"海派文化的发祥地"，虹口有着深厚的历史底蕴和丰富的文化内涵，也是中国文化影响世界的高地，很多国粹在这里走向世界。中国第一次放映电影在虹口，二十世纪上半叶，虹口先后拥有 30 余家电影院、46 家电影公司，占据了中国影业的半壁江山。

康震：说到上海老电影，就不得不提到老电影里的旗袍美人，极致地表现了中国女性的美丽，不得不说中国的旗袍也是从这里走出去的。在二十世纪三十年代，旗袍风靡欧美时尚界，当时欧美的影视明星都以穿旗袍为美。旗袍将女性的典雅、柔美、温婉体现得淋漓尽致，有一种独特的东方风韵。张爱玲最爱到虹口买时髦的花布做旗袍。

（正确答案：上海市虹口区）

叁

闻名不如见面

（特别出题人，古琴演奏家——赵家珍）

古琴台位于"武汉三镇"之一的汉阳，请问另外两"镇"是？

嘉宾解读

赵家珍：古琴台又被称为俞伯牙台。伯牙是春秋时期著名的琴师，锺子期是一位打柴人。伯牙善于演奏，锺子期善于欣赏。有一次，伯牙弹了一首《高山》，锺子期赞赏地说："巍巍乎志在高山。"伯牙又弹了一首《流水》，锺子期又说："洋洋乎志在流水。"从此他们俩人结成了知音。所以古琴台也有"天下知音第一台"的称谓。

目前关于古琴的文字记载最早可追溯到《诗经》，"窈窕淑女，琴瑟友之"中的"琴"就指的是古琴，而"瑟"已经失传了。古琴也被称为瑶琴、玉琴、七弦琴，中国古琴历史久远，琴本身就具有穿越时空的苍古之美。传统音乐的美在于营造一种意境和形象。听者对意境的理解和感受会与演奏者形成一种情感的联系、思想的沟通，拉近作者和听众的距离，这也就是"知音"。

康震：古琴艺术展现了中国文化悠久的发展和变迁史，流传至今的古琴名曲具有鲜明的时代意义，给予当代美学以借鉴、启发。"嫦娥一号"升空的时候，就"搭载"了《高山流水》中的《流水》飞上太空，把中国艺术的精粹带向宇宙是非常有意义的。

哈尔滨"冰雪大世界"的冰是从哪里取的？

2.

嘉宾解读

葛剑雄：冰灯最早是人们在劳动过程中创造出来的一种照明工具，以前的人们使用的是油灯，而黑龙江流域的人们有冬季夜晚捕鱼的习惯，油灯没有灯罩，在野外很容易被风吹灭，因此人们就地取材，发明了冰灯。冰灯活跃了一座城市，让整个城市充满了生气，让原本在冬季寂静的城市变得热闹不凡。

哈尔滨冰灯

亚丁这个名字的意思是"向阳之地"，请问这是哪个民族语地名？

3.

嘉宾解读

葛剑雄：四川亚丁国家级自然保护区，位于四川省甘孜藏族自治州稻城县香格里拉镇，属横断山脉。亚丁稻城的景色兼有壮

四川亚丁

阔与秀美，令人震撼，这里著名景点有三怙主神山、牛奶海、
五色海等。

4

你知道"安吉"源自哪一部古典文学名著吗？

A.《周易》　　B.《诗经》　　C.《史记》　　D.《春秋》

嘉宾解读

葛剑雄：安吉县隶属浙江省湖州市，位于长三角腹地，建县于
东汉中平二年（185），取《诗经》"安且吉兮"之意，是古越国

重要的活动地和秦四十八郡之一的古郵郡郡治所在地。中国大竹海也就是常说的安吉竹海，是国内大毛竹的主要产地之一，因在此取景拍摄了电影《卧虎藏龙》而出名。

康震：梅、兰、竹、菊，被称为"四君子"，四种植物代表了四大美德。竹子枝杆挺拔、修长，四季青翠，代表着高洁、刚直不阿，备受中国人喜爱。古今许多传世佳作中都有竹子的形象，像郑板桥的诗："咬定青山不放松，立根原在破岩中。千磨万击还坚劲，任尔东西南北风。"

肆

名扬天下

- 泗洪县、赵县、政和县
- 娄底市、长沙市、孟州市
- 沧州市、舞阳县、磐安县、南阳市
- 阿克苏市、密山市
- 那坡县、赤峰市、丽水市、九寨沟县
- 青铜峡市、毕节市、唐山市、白城市、清镇市、岫岩满族自治县、淮北市
- 东辽县、华容县、聊城市
- 贺州市、通化市、宣化县、贡嘎县、柏乡县、张家界市、营口市
- 景德镇市、南昌县、宝应县、邯郸市、丹东市、河源市
- 蓝田县、广饶县、漳州市、浦江县、建阳市、合作市
- 红水河、仪征市、兴国县、金坛市、延安市、石狮市
- 阳春市、阿克塞哈萨克族自治县
- 化州市、康马县、泸州市、铜仁市
- 遵义市、吉安市、漠河县、广水市
- 乌兰浩特、仁怀市、肥城市、嘉善县
- 五台县、和田县、上杭县、武夷山市
- 赫章县、呼和浩特市

请从地名阵列中，挑选出 4 个与年号有关的地名。

补充解读：宝应（762—763），是唐代宗的年号。

政和（1111—1118），是宋徽宗的年号。

太平兴国（976—984），是宋太宗赵光义的年号。

景德（1004—1007），是宋真宗的年号。

请从地名阵列中，挑选出中国四大名玉原产地。

嘉宾解读

康震：四大名玉是指新疆的和田玉、西安的蓝田玉、南阳的独山玉和岫岩的岫玉。

请从地名阵列中，挑选出 4 个包含了风景名胜名字的地名。

补充解读：张家界市：以张家界景区为名。明初置大庸卫，1914 年改为大庸县，1994 年更名为张家界市。

九寨沟县：以县内有著名的九寨沟风景区，故名。

五台县：西汉置虑虒县。北魏太和十年 (486) 改为驴夷县。隋大业二年 (606) 改为五台县，因境内五台山得名。

武夷山市：北宋淳化五年 (994) 置崇安县，取"崇地安宁"之意。1989 年撤县改为武夷山市，以山得名。

请从地名阵列中，挑选出 9 个因颜色而得名的地方。

补充解读：阿克苏市：阿克苏是维吾尔语，阿克是"白"的意思。

贡嘎县：这是藏语地名，其中"嘎"是白色的意思。

阿克塞哈萨克自治县："阿克塞"是汉字音译的哈萨克语地名，意为"白沟"。

康马县:是汉字音译的藏语地名,意思是红房子,因县城多红色房屋,故名。

赤峰市:赤峰蒙古语为"乌兰哈达",为"红山"之意,因城市东北部山峰呈赭红色而得名。

乌兰浩特市:"乌兰浩特"是汉字音译的蒙古语地名,"乌兰"意为"红色"。

白城市:位于吉林省西北部,关于"白城"得名有多种说法,现举两例:一说,因早先城基以白土垒就,当地人称为"查干浩特"(即白色的城),故名。一说,远眺此地,在朝霞或余晖之中,呈现银白之色,故名。

丹东市:地处辽宁省东南部,取"红色东方城市"之意而得名。

红水河:处于珠江水系干流西江上游,因流经红色沙贝岩层,水流呈现红褐色而得名。

热 爱 生 活

第七期   地名中的美好蕴意

壹

一举成名

1

人与动物相处的历史由来已久，有很多典故都描绘了古人喜爱动物，如：楚庄王爱马、王羲之养鹅、陆游宠猫。中国有些地方因动物而得名，以下哪一个地名是以动物得名的？

A. 鸡西市　　B. 康马县　　C. 鹿港镇　　D. 安龙县

嘉宾解读

葛剑雄：鹿港镇位于我国台湾省彰化县，因为这里经常有鹿群聚集而得名。

（正确答案：C. 鹿港镇）

2

地名中有一些专用字，这些字的含义能体现当地的地理景观，将以下地名与正确的解释进行连线。

1. 陈厝　　　a. 沙家的　　　A. 土坝

2. 沙家浜　　b. 陈家的　　　B. 小河沟

3. 钟埭　　　c. 钟家的　　　C. 房屋

补充解读：陈厝：厝有房屋的意思。陈厝，顾名思义，就是陈家人居住的房子。陈厝村位于福建省平潭综合实验区南海乡草屿岛东北部。

沙家浜：浜即小河。沙家浜镇隶属江苏省常熟市。抗日战争时期，沙家浜成为苏常太抗日游击根据地中心，以沙家浜革命故

（正确答案：1-b-C、2-a-B、3-c-A）

事为原型创作的现代京剧《沙家浜》唱红大江南北，沙家浜因此声名远播。

钟埭（dài）：埭即坝。钟埭街位于浙江省平湖市，据《嘉兴县志》记载："相传五代吴越时，有钟氏族居此，故名钟溪，又名钟埭。"

这道题是关于"先有鸡还是先有蛋"的问题。下列关于先后的表述正确的是哪个？

A. 先有吉林省再有吉林市　　B. 先有普洱再有普洱茶

C. 先有哈密瓜再有哈密　　　D. 先有五指山市再有五指山

嘉宾解读

康震：先有普洱再有普洱茶：云南省普洱县是元朝"步日部"，后来写成汉字就成了"普耳"（当时"耳"无三点水）。而到了明朝末年，才有"普洱茶"之名。

先有吉林市再有吉林省：清朝康熙年间建立了吉林市，光绪年间建了吉林行省，省会是吉林市。吉林是目前我国唯一一个省名与地级市同名的地方。

先有哈密再有哈密瓜：哈密的地名出现于明朝，哈密瓜在清代被哈密王作为贡品，受到康熙赏赐而得名哈密瓜。

先有五指山再有五指山市：五指山是海南岛的象征，因为形似五根手指，所以叫五指山。五指山市原名通什市，黎语的意思是山谷中连片的田地，2001年因为这座山脉更名为五指山市。

（正确答案：B. 先有普洱再有普洱茶）

苏轼是中国古代的大文豪，他还有另外一个身份——美食家。一路走，一路吃，到黄州吃鱼，到惠州吃荔枝，到儋州吃蚝，到徐州吃肉。刚提到的这四个地名与当今省份对应错误的是？

A. 黄州——安徽　　B. 惠州——广东

C. 儋州——海南　　D. 徐州——江苏

嘉宾解读

康震： 黄州是今天的湖北省黄冈市黄州区。苏轼不仅是个吃货，还是个厨师。他被贬黄州没啥好吃的，就自创了炖肉、烧鱼、煮青菜汤的新做法；他被贬惠州，发明了烤羊脊，学会了酿桂酒，还自己酿了橘子酒；被贬儋州，他就煮苍耳吃，实在啥都没了，他在杂记中还写了一个食阳光止饿的办法。在饮食背后，是苏轼达观的人生哲学。即便从朝中重臣被贬为山野农民，即便北归无望一生漂泊，他也能在山水细微处找到乐趣，把穷日子过成神仙日子，他说"山寺归来闻好语，野花啼鸟亦欣然"，他说"江山风月本无常主，闲者便是主人"。

苏轼的人生态度和生活态度，对我们所有人都是很有启发意义的。他把一个不如意的人生依然过得非常有乐趣，很丰满。他是我们中国人人生观、价值观的一个珍贵侧面。眉山有东坡县，黄冈有东坡路，杭州有苏堤，儋州有东坡书院，在中国大地上，苏东坡的名字是一个记忆，这记忆背后，是中国人积极的人生哲学：总是能在贫困微苦中创造出生活的乐趣，获得心灵的满足。

苏轼《猪肉颂》：早晨起来打两碗，饱得自家君莫管。

（特别出题人，欧尼娜、何宇聪）

下面四个地方，哪个地方因舞"刘备狮""关公狮""张飞狮"而出名？

A. 河北徐水　　B. 武汉黄陂（pí）

C. 广东遂溪　　D. 福建林坊

嘉宾解读

欧妮娜： 这些是属于广东醒狮。"刘备狮""关公狮"和"张飞狮"是南舞狮的特点。就是照着《三国演义》中刘备、关羽、张飞的相貌、性格、脾气和故事来表演的，而且表演的狮子颜色和场合也不一样。"刘备狮"是黄色的，只有迎宾喜庆等场合会用，一般不轻易用。"关公狮"是红色的，代表忠义、胜利、财富，一般用在商店开张等场合。"张飞狮"是黑色的，代表勇猛，用在斗狮艺上。

（正确答案：C. 广东遂溪）

通过以下图形线索提炼两个带有数字的地名，两个数字的乘积是多少？

A.12　　B.15　　C.18　　D.21

| 枝　盘县　水城 | 中沙群岛　南沙群岛　西沙群岛 |

嘉宾解读

葛剑雄： 六盘水是用六枝特区、盘县特区、水城特区，各取一字命名的。

（正确答案：C.18，这道题的答案是六盘水和三沙市）

古代文人常以文会友，用文章来表达感情。《兰亭集序》中王羲之与友人"会于会稽山阴之兰亭，修禊事也"。请问"会稽"指的是今天的哪里？

A. 浙江绍兴　　B. 浙江温州　　C. 浙江杭州　　D. 浙江宁波

嘉宾解读

葛剑雄：会稽郡的"会"字，正确的读法是kuài。这个名字是因为会稽山而得名，相传大禹死后就葬在这里。会稽山在今天的浙江省绍兴市，所以绍兴古称会稽。在绍兴，有很多地名因为兰亭集会而得名，比如兰亭镇、兰亭街、兰亭村、兰亭国家森林公园。

康震：曲水流觞是一种以文会友的方式。东晋永和九年（353），王羲之和谢安、谢万等东晋名士四十余人在会稽山之兰亭举办集会。众人沿着小溪坐下，从上游将盛满酒的酒杯漂流而下，酒杯漂到谁的面前，谁就即兴赋诗一首，答不出来，就将杯中酒一饮而尽。会上一共得诗37首，王羲之在微醺之中，写下了千古名帖《兰亭集序》。

仇英《曲水流觞图》

猜灯谜是元宵节必不可少的一个活动，下面就要考一个关于地名的灯谜：久雨初晴（打贵州一地名）。

嘉宾解读

葛剑雄：猜灯谜又称打灯谜，是中国独有的富有民族风格的一种传统民俗文娱活动形式，是从古代就开始流传的元宵节特色活动。每逢农历正月十五，中国民间都要挂起彩灯，燃放焰火，后来有好事者把谜语写在纸条上，贴在五光十色的彩灯上供人猜。因为谜语能启迪智慧又迎合节日气氛，所以响应的人众多，而后猜灯谜逐渐成为元宵节不可缺少的节目。灯谜增添节日气氛，展现了中国古代劳动人民的聪明才智和对美好生活的向往。

中国饮食文化丰富多彩，有时做一道菜需要长时间的准备。请将下面这几道美食与产地进行连线。

1. 金华火腿　　A. 江苏

2. 佛跳墙　　　B. 安徽

3. 醉蟹　　　　C. 浙江

4. 臭鳜鱼　　　D. 福建

嘉宾解读

葛剑雄：金华火腿是浙江金华的一种美食。相传在宋代因便于携带、易于保存，便用作打仗时的一种军粮。而现代，金华火腿需要 30 个月才能发酵而成。佛跳墙是福州名菜，被称作"闽菜之王"，要汇集十多种食材才能制作而成。醉蟹是江苏里下河地区的传统名菜，也是江南地区普遍流行的美味佳肴，以螃蟹为制作原料，加以米酒、香料、精盐等调料醉制而成，口味咸鲜适中。臭鳜鱼是一道著名的徽菜美味，一只刚刚钓上的鳜鱼，需要经过一个星期的加工才能成为美味的臭鳜鱼。

康震："民以食为天"，吃是中国人生活中最重要的一个类别，中国人在吃这件事情上特别讲究，不仅工序多样、时间不等，特定的美食也会选运用特定的器皿。中国是个擅吃的国度，在中国，衣不妨污浊，居室不妨简陋，道路不妨泥泞，而独在吃上分毫不能马虎。

10

（特别出题人，王大康。王大康在 61 岁时考入大学本科，后来被保送研究生，在 73 岁的时候又去读了音乐专业。）

中国有很多的名曲都包含了地名，请问下面哪一首乐曲名中不包含地名？

A.《广陵散》 B.《浔阳琵琶》

C.《平沙落雁》 D.《阳关三叠》

嘉宾解读

王大康：《广陵散》中的广陵是现在江苏扬州市的古称。《浔阳琵琶》又叫《春江花月夜》，浔阳是现在江西九江市的古称，古代的时候，流经此处的长江河段被称为浔阳江，所以得名浔阳。《阳关三叠》是根据王维的名篇《送元二使安西》谱写而成的，阳关在甘肃省敦煌市，因为处在而玉门关南边得名。

我曾骑自行车环游中国，花了三年半的时间走遍了全国 180 多个重镇，800 多个县，行程 6 万多公里，拍了 5000 多张照片。在行程中曾六渡长江，四跨黄河，回来之后就写下了《王大康骑游记》这本书。中国人常说"读万卷书，行万里路"，我想这两个我都要去做一下。

康震：中国是一个不服老的民族，我们的国家历经数千年依然展现出了非常年轻的生命力。中国人讲求老有所为，即使人到晚年也依然想要干一番事业，廉颇、苏轼、辛弃疾、陆游等许多古代先贤，都是在迟暮之年心中依然怀有壮志。

《古音正宗》记载《平沙落雁》此曲："盖取其秋高气爽，风静沙平，云程万里，天际飞鸣。借鸿鹄之远志，写逸士之心胸也。"由此可见，"平沙"应取"风静沙平"之意。

贰

实至名归

线索 1： 该地将仙人掌称为"红苹果"，做出了许多相关的美食。

线索 2： 它因港外海涛澎湃，港内水静如湖而得名。

线索 3：《外婆的澎湖湾》唱的就是这里。

嘉宾解读

康震： 澎湖是个很美的地方，但是相对而言自然条件很不好。仙人掌是澎湖的标志，澎湖人不但吃仙人掌果，并且把它做成果汁、冰淇淋、饼干、果酱，甚至还有凉拌仙人掌叶、仙人掌凉面等美食。

1

线索 1： 这里是台湾岛南端。

线索 2： 台湾著名的鹅銮鼻灯塔位于这里。

线索 3： 这里因一批壮丁来开垦而得名。

补充解读："垦丁"本义为"开垦的壮丁"。清光绪三年（1877）官方设置招垦局，募得大批广东籍壮丁在此搭寮垦荒，得名为

2

垦丁寮。《恒春县志》记载垦丁庄为"客番杂居"（客家人与原住民杂居）的村落。另有一说为，同治年间，从大陆来了一批壮丁在这里开垦，后人称这里为"垦丁"。

（正确答案：垦丁）

3

线索1："中国醋都"清徐位于这里。

线索2："流水如碧玉"形容的是这里的晋祠。

线索3：它的地名源于其平坦宽阔的地形。

嘉宾解读

葛剑雄：太原遍地都是专门卖醋的醋超市。液体的醋已经满足不了山西人了，山西人还发明了醋膏、醋皮。山西那边流传一个段子说：咸了加点醋，淡了加点醋，辣了加点醋，苦了加点醋，甜了加点醋，不管味道怎么样，反正加点醋就对了。每个地方的人都有强烈的饮食偏向，这和地理、文化有紧密关系。像广东人爱喝汤，湖南、四川人爱吃辣，江浙人喜欢吃甜，东北人喜欢吃炖菜，这些饮食风格和地域文化的风格、气质都有着一定关系。

（正确答案：太原市）

4

（特别出题人，闻喜花馍手艺人董巧兰、朱雪冰）

线索1：它的古称叫做"桐乡"。

线索2：这里的花馍2008年入选了国家级非物质文化遗产名录。

线索3：它的名字是汉武帝在此欣闻一场大捷后所赐。

花馍　　　　　　　　　　　　花馍蛋糕

嘉宾解读

董巧兰： "有事就有馍，有馍就有事，"我们那边逢年过节都要用到花馍，花馍能为我们增添喜庆的色彩，让我们的日子过得更有劲儿。

康震： 真是没想到，普通的面点竟能做得这么不普通，把一种单一的面食做得变化万千，这不仅是食物，更是一种生活态度。这种满怀着对生活的激情，让我们的生活变得妙趣横生。

（正确答案：闻喜县）

线索 1： 这里素有"粮仓、肉库、渔乡"的美誉。

线索 2： 这里的查干湖冬捕是著名的吉林八景之一。

线索 3： 它的名字是取松花江平原之意。

查干湖冬捕

嘉宾解读

葛剑雄： 松原在美丽的松花江畔，土地肥沃，风景优美。这里还有吉林省最大的天然湖泊——查干湖。

康震： 草原上的人民对水有着独特的感情，围绕着水草丰美的查干湖傍水而居，也就成了一个传统。一起打鱼一起分着吃，这种氛围是生活的乐趣和热情。过年吃鱼，年年有余。人们始终沿袭着这种原始独特的生产方式。

（正确答案：松原市）

6

线索1：当地的荡秋千、压跳板两项运动已列入国家非物质文化遗产名录。

线索2：《桔梗谣》唱的就是这里。

线索3：这里有特色小吃"延吉冷面"。

嘉宾解读

葛剑雄：朝鲜族这个民族就是有这种与生俱来的活泼勇敢的气质，才会创造出这样有自己特色的民族文化。荡秋千是朝鲜族女性平时娱乐的一种方式，带着强烈的民族特征和地方特征。以前，深受儒家文化影响，女子要深居闺中，荡秋千就成了朝鲜族妇女的一个活动，后来发展成当地特有的、技巧更高更复杂的体育活动。

（正确答案：延边朝鲜族自治州）

叁

闻名不如见面

1

你知道阆中的地名由来吗？

嘉宾解读

葛剑雄：阆中古城，是中国春节文化之乡。西汉时，阆中的天文学家落下闳把孟春正月朔日定为立春日，前一日为除夕，除夕的次日为春节，春节由此诞生了。阆中人过春节，有很多自己原汁原味的特色民俗活动，如舞草龙、亮花鞋，他们把春节过成了一场文化盛宴。

你知道安塞的地名由来吗？

2.

嘉宾解读

葛剑雄：黄土高原，它的地理和文化共同决定了此地艺术的气质和风格，而这种风格都会渗透到生活中的方方面面。

安塞腰鼓是一种战鼓，规模宏大，气势磅礴，也只有这样一种舞蹈才能表达他们的豪情。黄土高原人烟稀少，环境严酷，在这种环境下，人很渺小，把人的精神放大，才能抵抗环境的威压。在这种环境中，把人的力量发挥到极致，这种力量是激昂的，这也就解释了为什么在陕北会有那么多粗犷的艺术形式。

康震：安塞腰鼓的动作豪迈粗犷，刚劲奔放的雄浑舞姿充分体现着陕北高原的人们惇厚朴实、悍勇威猛的性格，展现了西北人民热爱生活的那种旺盛的、积极向上的生活态度。

安塞腰鼓

平遥古城

3 平遥古城位于山西哪个市？

嘉宾解读

葛剑雄：平遥古城是晋商发源地之一，当年，一个个晋商就是从这里走出去，逐渐把生意遍布全中国。晋商的成功，就在于自觉或不自觉地发扬了一种进取、敬业的群体精神，也就是我们经常说的"晋商精神"。中国人的身上总是有着这种进取精神，靠着这种精神，无论遇到什么样的环境，他们都能把自己的小日子过得红红火火。

（正确答案：晋中市）

三坊七巷

你知道福州的别称吗?

嘉宾解读

葛剑雄：福州是因为境内的福山而得名。福州背山依江面海，地理环境非常好，有"江南胜地"的美誉。

康震：福州不但有和谐的美景，还有着和谐的街坊人文环境，三坊七巷就是典型代表。三坊七巷是由三个坊、七条巷和一条中轴街组成，集中体现了闽越古城的民居特色和文化特点。

中国很早就有街坊文化，街坊像一家人一样融洽，互相周济，互相帮助，是一种非常融洽的生活氛围。北京的胡同、上海的弄堂、成都的巷子，几乎在中国的每一个城市都能看到这种氛围。

（正确答案：榕城）

从地名矩阵中，挑选出 5 个源于山名的市、县（区）。

1

补充解读：兰州市在甘肃省，因为皋兰山得名。

贺兰县在银川市，因为贺兰山得名。

稷山县在山西省运城市，因为县南边的稷山得名。

五台县在山西省忻州市，因为境内的五台山得名。

密山市在黑龙江省，因境内的蜂蜜山得名。

从地名矩阵中，挑选出 4 个曾因避讳改名且沿用至今的地方。

2

补充解读：信阳在隋朝时名为义阳，到了宋代因避讳宋太宗赵光义而改为信阳。

信宜在宋初名为信义，也因避讳赵光义而改为信宜。

嘉兴本名"由拳"，三国时孙权改为"禾兴"，后孙权立孙和为太子，禾兴便改为嘉兴。

惠州在宋初名为"祯州"，因避讳宋仁宗赵祯而改为惠州。

从地名矩阵中，找出古代四大"米市"对应的城市。

3

嘉宾解读

葛剑雄：因为土地肥沃、出产大米、商贸发达、运输便利，在江南形成了四大米市：江西九江、江苏无锡、安徽芜湖、湖南长沙。江苏无锡市的名字很有意思，因为古代把这里的铅锡都挖用尽了，所以汉朝的时候起名无锡。

4 从地名矩阵中，挑选出中国八大菜系起源的省份。

补充解读： 川菜起源于四川，鲁菜起源于山东，粤菜起源于广东，苏菜起源于江苏，浙菜起源于浙江，闽菜起源于福建，湘菜起源于湖南，徽菜起源于安徽。

人 杰 地 灵

第八期　　　　　每一个故事都让地名文化更有温度

壹

一举成名

1

《七律·长征》

红军不怕远征难，万水千山只等闲。

五岭逶迤腾细浪，乌蒙磅礴走泥丸。

金沙水拍云崖暖，大渡桥横铁索寒。

更喜岷山千里雪，三军过后尽开颜。

（毛泽东）

请从这首诗中的横线处选出 5 个地名。

嘉宾解读

康震："五岭"指南岭，由大庾岭、都庞岭、骑田岭、萌渚岭、越城岭五座山岭组成。"乌蒙"，就是乌蒙山。"金沙"指金沙江。"大渡"，指的是四川大渡河。"岷山"，是中国西部大山。而诗中的"泥丸"和"云崖"并非地名。"泥丸"，就是小泥球，意思是说险峻的乌蒙山在红军战士的脚下，就像是一个小泥球一样。"云崖"则是指高耸入云的山崖。

2

临川不仅是王安石的故乡，也孕育了晏殊、汤显祖等名人。历史上享有"才子之乡"美誉的临川，位于今天的哪里？

A. 浙江杭州　　B. 江苏扬州　　C. 江西抚州　　D. 安徽池州

嘉宾解读

康震：自宋而清，临川（抚州）进士及第者二千余人，涌现了举世瞩目的才子群体，王安石、曾巩、汤显祖，就是抚州才子群中的杰出代表。晏殊不但是一朝宰相，而且与其子晏幾道同为词坛高手，开北宋一代词风；王安石身居宰相之位，致力改革，震动当时，影响后世，被革命导师列宁誉为"中国十一世纪的改革家"。明代大戏剧家汤显祖有"东方莎士比亚"之称，所著"临川四梦"享誉海内外，他曾以"远色入江湖，烟波古临川"之语来赞美自己的家乡。

地名作为生活中的重要部分，常常成为对联的创作素材。请问，这副民间流传的对联："仙居天台云和月，龙游丽水玉环山"，提到了多少处浙江地名？

A.2 处　　B.4 处　　C.6 处　　D.8 处

3

嘉宾解读

康震：这个地名联，含了仙居、天台、云和、龙游、丽水、玉环 6 个县名。在这 6 个地名中，龙游是由吴越王钱镠改的地名，一直沿用至今。秦朝最早在此设县，名为太末。唐贞观八年（634）

龙游

更名为龙丘。五代吴越宝正六年（931）钱镠以"丘"与"墓"近义不吉，又据县邑丘陵起伏如游龙状，遂改龙丘为龙游。

其实在江南地区还有一些地名都是钱镠改的，比如浙江新昌县、浙江长兴县、浙江乐清县。钱镠留下的不只是这些地名，钱镠的钱氏家族对整个浙江乃至于整个中国都是影响巨大。自唐末五代十国以来，钱氏开枝散叶，人才辈出，仅载入史册的名家就超过千人。有诺贝尔化学奖得主钱永健，科学家钱学森、钱伟长、钱三强，国学大师钱穆、钱锺书。《钱氏家训》在钱氏家族中影响深远，才出现了才子书香绵延、世代人才涌现的盛况，它也深深地影响了整个江南地区的人们。

葛剑雄：江南有着优越的自然条件，它处在长江中下游，是著名的"鱼米之乡"，这边的稻子都是一年四熟，俗话说：苏湖熟，天下足。自然条件的优渥为这里创造了良好的经济条件，江南交通十分便利，交流高效，让这里的人眼界更加开阔。江南思想开放，自古有重商重教的传统，具备出人才的好条件。所谓"风水出人才，地灵铸人杰"就是这个道理。

（正确答案：C.6处）

柳州柳刺史，种柳柳江边。

谈笑为故事，推移成昔年。

你知道这首诗里提到的柳州是怎么来的吗？

A. 这里有一条柳江　　　B. 这里很多人姓柳

C. 柳宗元在这里做过刺史　　D. 这里柳树成荫

嘉宾解读

康震：这首诗是柳宗元的《种柳戏题》，因为柳宗元在这里做官，所以柳宗元也称自己柳柳州。其实，古人多会以自己的出生地或者以做官所在地作为自己的名字，比如杜牧因为晚年居住在长安南樊川，被称作杜樊川，还有刘备，因为在豫州做过豫州牧，被称作刘豫州。

（正确答案：A. 这里有一条柳江）

炎黄指的是炎帝和黄帝，下列哪个地名与黄帝有关？

A. 黄陵县　　B. 黄山市　　C. 黄梅县　　D. 黄冈市

嘉宾解读

葛剑雄：黄陵县是因为黄帝陵墓在这里而得名，属于陕西省延安市。中国人是炎黄子孙，在中华大地有很多和炎帝、黄帝有关的地名，比如炎帝陵、神农架。上古时期，出了很多中华文明的先贤人物，他们做出了巨大的贡献。传说炎帝神农氏尝百草发明医药，黄帝教导民众发展农耕，蚩尤部落善于冶炼、制造兵器，燧人氏发明了钻木取火。他们都聚集在黄河流域附近。

地理影响文明——那个时候的黄河中下游极其富饶，土地肥沃、森林茂密，最适宜人居住，开展农耕和生产，所以早期的文明都汇聚这一带。夏、商、周的都城都在河南境内，如：商丘、洛阳、开封。中原文化在整个中国历史发展当中，其地位、影响是决定性的。

楚地自古人杰地灵，荆州是其中一个代表。在下列名人称号中，哪一个称号中提到的地名位于荆州？

A. 杜陵野老　　B. 公安三袁　　C. 竹林七贤　　D. 宣城谢朓

嘉宾解读

康震：第一个选项说的是杜甫，因为他居住在西安杜陵，所以称他杜陵野老。第三个选项竹林七贤是没有特指地名的。第四个选项宣城谢朓是在安徽。只有公安三袁里的公安是在湖北荆州，现在仍然叫公安县。公安县是因为三国时期，左将军刘备（人称左公）屯兵于此，取"左公安营扎寨"之意，故名。别看公安只是一个县城，但是却出了公安三袁这样的人才，三袁指的是明朝时期袁宗道、袁宏道、袁中道三兄弟，他们在文学上颇有造诣，还形成了一个公安学派。荆州是楚文化的发祥地之一，历来都有很多人才，有伯牙、伍子胥、张居正等，我们说"惟

楚有材"，就是说整个楚地都盛产人才，而且千古不断，可谓是
人杰地灵。

？ 中国地名与人名关系密切，比如司马光出生在当时的光州，也
就是现在的光山县；陈独秀的家乡安徽有座独秀山；齐白石家
附近有个白石铺。那么，郭沫若名字中的"沫水"指的是今天
的哪条河？

A. 嘉陵江　　B. 锦江　　C. 金沙江　　D. 大渡河

补充解读：大渡河位于四川省中西部，是岷江的最大支流，有
沫水、北江、减水、泷水、大渡水、濛水等诸多称呼。大渡河
发生过许多著名战例，太平天国名将石达开便折戟于此。然而
在红军长征时期，红军却完成了"飞夺泸定桥"这一军事史上
的壮举，成功渡过大渡河，打破了蒋介石妄图把红军变成第二
个石达开的迷梦。毛泽东后来写下"大渡桥横铁索寒"这样的
诗句，就是赞扬红军的大无畏精神。

（正确答案：D. 大渡河）

？ "琅琊"这个词，因为电视剧《琅琊榜》被很多人熟知。以下关
于"琅琊"的表述中，不正确的是哪一项？

A. 古琅邪国位于山东　　　　B. 诸葛氏是琅邪郡的名门望族
C. 古琅邪的名字来源于一座山　　D. 琅邪榜是古琅邪境内一块石碑

嘉宾解读

葛剑雄：琅邪是古地名，现在的人们提到这个地名常常直接写
作琅琊。

康震：琅邪诸葛氏是非常有名的一个氏族，诸葛亮虽然说自己
"臣本布衣，躬耕于南阳"，其实这只是他自谦的说法。他出身
于琅邪诸葛氏这个大家族。诸葛家族人才辈出，诸葛亮的哥哥
诸葛瑾效力于东吴，为孙权所重用。族弟诸葛诞，在魏国与夏

侯玄齐名。诸葛三兄弟，一门三方为冠盖，天下荣之。琅琊这
个地方不仅有诸葛氏，还有琅琊王氏、琅琊颜氏，人尽皆知的
王羲之就出自琅琊王氏。

诸葛亮（张旺画）

（特别出题人，杭州钱塘新区的地下管道养护工，被称为"地下
活地图"的——周卫东）

在古代，为政一方的官员都会修堤筑坝，防治水患。为了纪念
他们的功绩，人们往往会以他们的姓氏来称呼这些堤坝。下面
哪一个堤坝的命名不是因为它的主持建造者得名？

A. 苏堤——苏轼　　　　B. 白堤——白居易

C. 李公堤——李超琼　　D. 杨公堤——杨孟瑛

嘉宾解读

葛剑雄：这里面杨公堤是与白堤、苏堤齐名的"西湖三堤"之一，

是由杨孟瑛主持开挖而成，故名杨公堤。李公堤在苏州市，是光绪年间元和县令李超琼所建。关于白堤，唐代诗人白居易任杭州刺史时写过一首诗："最爱湖东行不足，绿杨荫里白沙堤。"白沙堤就是白堤。所以先有白沙堤，后有白居易在此做官。相传为白居易所筑，是错误的说法。

白堤

深圳

深圳是中国改革开放后设立的第一个经济特区，从一个小地方迅速发展成欣欣向荣的现代化大城市。请问深圳的"圳"为何意？

A."镇"字的古称　　B. 田边水沟

C. 水库土坝　　　　D."圳"姓聚落

嘉宾解读

葛剑雄：深圳的圳——"川"指"归向大海的水流"，"土"指田土，"土"与"川"联合起来表示田野间通向泽、海的水道，也就是田间水沟。深圳，就是深水沟。带有圳字的地名是极其常见的，如梅州梅县有圳上村、圳下村、湾圳村、大圳村等；惠州惠阳区也有圳下村、圳背村；河源也有圳下村、圳塘口村、圳头村。

康震：深圳原本只是一个小渔村，但是这个地方现在已经是新时代的人才高地。人工智能、互联网等最尖端的技术和创业公司都汇聚在这里。有一句风靡全国的口号，"时间就是金钱，效率就是生命。"这句话见证了深圳的巨变。因为改革开放，现在这里已经成为人才的聚宝盆。这就是时代造就的人杰地灵。

（正确答案：B. 田边水沟）

贰

实至名归

1

> 线索 1：这里有《儒林外史》作者吴敬梓纪念馆。
>
> 线索 2：朱元璋的老家凤阳县在这里。
>
> 线索 3：欧阳修"环滁皆山也"写的正是这里。

嘉宾解读

康震：滁州古称涂中、清流、新昌，早在先秦时期为棠邑之地。三国时期设镇，南朝建州，隋朝始称滁州，因滁河（涂水）贯通境内，故名为"滁州"。

（正确答案：滁州市）

2

> 线索 1：这个地名的第一个字是商汤都城的名字。
>
> 线索 2：神医华佗的故里位于这个版图内。
>
> 线索 3：这里是中国的中药材集散中心之一。

嘉宾解读

葛剑雄：亳州最早叫做谯县，在北周时，因为距离商都南亳近，便改名为亳州了。这里凭借着肥沃的土地、交通的便利，成了药商云集的地方。亳州出了很多历史人物，如陈抟老祖，还有以曹操为代表的曹魏集团都出自这里。

（正确答案：亳州市）

線索 1：两宋时期，这一带有八百余人考取进士，称做"八百进士"。

線索 2："一门父子三词客"所说的三位词人都出生在这里。

線索 3：这里有一道名菜"东坡肘子"。

3

嘉宾解读

康震：眉山这个地方是因峨眉山得名。眉山地处成都平原腹地，物产富饶，是重要的鱼米之乡。线索里提到眉州曾有"八百进士""文人第一乡"等美誉。这里文化繁盛，出文人、出秀才、出进士，两宋时期，眉州出过886个进士。宋仁宗当时惊叹："天下好学之士皆出眉山。""三苏"是这一群人的代表，一家出了三个大文豪，是人才聚集的最极致的代表。苏轼的伯父苏涣，是北宋太中大夫；苏轼的表哥文与可，是北宋著名的书画家。

（正确答案：眉山市）

線索 1：白龙江、嘉陵江、清江在此交汇，形成了一幅奇妙的山水图景。

線索 2：李白曾形容这里的一道关"一夫当关，万夫莫开"。

線索 3：这里的天曌山名字源于一位女皇的名字。

4

嘉宾解读

康震：蜀道于我们而言，是一条至关重要的道路，在历史上不止李白自此出川，许多四川的英雄人物都经过这条蜀道大展宏图，比如古代有像司马相如、陈子昂、"三苏"这样的文人，近代有陈云、朱德、刘伯承这样的革命先辈。出川在历史上也是一种文化现象，从这里走出去的人物深深地影响了中国的历史。

（正确答案：广元市）

線索 1：这里是共产主义战士雷锋的家乡。

線索 2：世界最轻的丝织品——素纱襌（dān）衣在这里出土。

線索 3：毛泽东留下诗句："独立寒秋，湘江北去，橘子洲头。"

5

橘子洲头

嘉宾解读

葛剑雄：长沙地名的由来有多种说法，史籍记载各异。

其一，得名于长沙星。《史记·天官书》云："天则有列宿，地则有州域。"二十八宿中轸宿有一附星名为"长沙"，古人按星象分野的理论，将长沙之地以应长沙星，认为长沙地名源于星名，故长沙又有"星沙"之称。

其二，得名于万里沙祠。万里沙祠一说最早见于晋阚骃所著《十三州志》："汉有万里沙祠，而西自湘州，至东莱万里，故曰长沙。"多引此说作长沙得名之源。

康震：其实长沙也有一个美称是"屈贾之乡"。"屈"指的是屈原，"贾"指的是西汉文学家贾谊。虽然他们不是长沙人，但他们所做的贡献与长沙密切相关。屈原、贾谊身上都有着共同的精神，他们始终都在为国家的强盛和民族的福祉而奋斗，即使在面对被放逐的困难情境下，他们心心念念的依然是国家民族。这种精神力量影响了这片土地的许多人。

这种力量我们可以从毛泽东诗词看出来："为有牺牲多壮志，敢教日月换新天。"在那个时期湖南地区还涌现了一批为新中国建立而奋斗的人，例如贺龙、蔡和森、彭德怀等，这些人在国家危难之时，敢于横刀立马，中流击水，力挽狂澜。

（正确答案：长沙市）

線索1：电影《芙蓉镇》在这里拍摄。

線索2：这里的自然条件催生了独特民居——"吊脚楼"。

線索3：著名作家沈从文的家乡凤凰县在这里。

嘉宾解读

葛剑雄：湘西东边是武陵山脉，西边是云贵高原，北边是鄂西山地，南面是雪峰山，四面环山，河流交错，所以生活在湘西小镇的人，不沾染丝毫世俗之气，身上是淳厚质朴的风味人情。小溪、白塔、人家，是湘西小镇特有的景致；善良、敦厚、率真，是湘西人家独特的品质。边城小民纵情山水间，他们的生活是一种田园牧歌的美好生活。

芙蓉镇

叁

闻名不如见面

1

今天西安市的一条南北大道，曾是唐代长安城的中轴线，至今还延用着唐代时的名字，你能说出它的名字吗？

小课堂：巍巍长安

长安坐落于黄河、渭河以南的关中平原上，进可攻退可守，最适合建都。长安又身处关中腹地，关中平原号称"八百里秦川"。三河及其支流纵横分布，土地肥沃，灌溉便利，农业发达。陕西关中和甘肃陇山这一带也孕育了强大的关陇集团，出了很多政治人物。说起关陇集团，可是威力巨大，自从北魏末期以来，他们成为了西魏、北周、隋、唐四个王朝的核心组成，历久不灭。如北周创立者宇文泰、隋文帝杨坚之父杨忠。又如关陇地区豪族京兆韦缜、河东柳泽、太原郭彦、武功苏椿、河内司马裔、敦煌令狐整等。正是因为强大的关中集团的支持与独特的经济、文化、地理条件，决定了西安这样一座城市的气质。

长安自古以来就有很多人才在这里聚集，当时的长安成为让很多人向往并仰望的文化高地，很多国家的人都因向往而来到这里，比如阿拉伯人、波斯人、粟特人等，当时日本天皇曾经十几次派遣遣唐使和留学生来华交流学习，在长安西市有来自中亚、西亚的许多胡商摆摊设点，酒店里有美貌如花的胡姬招徕生意，正是因为这样的气魄与胸怀，才成就了这座古城的千古神韵。

2

纵观全国城市的户口本，可能找不到一个比南京改名更多的城市。那么你能说出五个"南京"在古时候的名字吗？

嘉宾解读

葛剑雄：南京的建城史已有两千多年了。这么悠久绵长的历史，给这座城市留下了难以计数的文物古迹，同时也给南京留下了一大堆的名号。根据《南京历代名号》一书的统计，在历史上，南京的名号一共有 70 多个：

（1）先秦时期：越城、范蠡城、金陵邑、棠陵县
（2）秦汉时期：秣陵、宣亭县、石头城
（3）六朝时期：建业、建邺、建康、怀德县、费县、江宁县
（4）隋唐时期：蒋州、昇州、归化
（5）五代十国时期：金陵、白下、江宁郡、上元、金陵府、西都、江宁府
（6）宋元时期：建康府、建康路、集庆路
（7）明清时期：应天府、京师、南京、行在、陪都、留都、天京
（8）民国：南京市、金陵道

3

运城，物华天宝、人杰地灵、英才辈出。有人登上鹳雀楼，望黄河滔滔；也有人漫步永乐宫，观壁画绝伦。这里曾见关云长千里走单骑，也曾见郭子仪单刀安社稷。既有柳宗元遥寄家书的柔肠，也有"曲圣"关汉卿"铜豌豆"的刚直。五千年浮沉，对先贤的敬仰化了为运城的底气，赤子初心不染风尘。那么，运城究竟运的是什么？

嘉宾解读

葛剑雄：中国的用盐史主要与运城密不可分，运城盐湖是我们祖先开发最早的盐湖之一。盐是一种特殊的商品，历朝历代都把它作为国家的重要财源和经济支柱。唐朝时，运城盐池盐利收入占到国库收入的八分之一；宋代时，更是占到国库收入的六分之一。基于盐的重要性，在封建社会管理盐务的，也大多是一些朝廷重臣。可见盐在古时候是战略资源，那就可以想象

运城这个地方是何等富有。

运城自古就是一个人才辈出的地方，从古至今历史文化名人难以尽数，这片富饶的黄土地孕育了司马迁、关羽、薛仁贵、柳宗元、王勃、关汉卿等一批批文韬武略的英才。运城还有一个非常著名的宰相村，位于闻喜县元镇裴柏村，是裴氏宗祠所在地，裴氏是中国历史上声势显赫的名门巨族，以 59 位宰相、59 位大将军著称于世。

4

《滕王阁序》是我们熟知的千古佳篇，其中有一句讲到了南昌的两个古称，你能背出这一句吗？

嘉宾解读

康震：当年汉高祖刘邦派颍阴侯灌婴率兵进驻南昌，并修筑南昌城，取"昌大南疆"和"南方昌盛"之意，定名"南昌"，并为豫章治郡。南昌也是一个人杰地灵的地方，八一南昌起义使南昌成为"军旗升起的地方"，以"英雄城"驰名天下。

滕王阁

肆 名扬天下

1

请在矩阵中，挑选出 5 个为纪念人物而命名的地方。

补充解读： 靖宇县隶属吉林省白山市，为纪念杨靖宇而命名。

子长市位于陕西省，为纪念谢子长而命名。

中山市位于广东省，为纪念孙中山先生而命名。

黄骅市隶属河北省沧州市，为纪念黄骅而命名。

左权县隶属山西省晋中市，为纪念左权将军而命名。

（正确答案：靖宇县、子长市、中山市、黄骅市、左权县）

2

请从地名阵列中，挑选出中国四大名楼所在地。

补充说明：中国四大名楼： 鹳雀楼、滕王阁、黄鹤楼、岳阳楼。

鹳雀楼位于山西省永济市，滕王阁位于江西省南昌市，黄鹤楼位于湖北省武汉市，岳阳楼位于湖南省岳阳市。

（正确答案：永济市——鹳雀楼，南昌市——滕王阁，武汉市——黄鹤楼，岳阳市——岳阳楼）

3

请从地名阵列中，挑选出因"忠""孝""仁""义"命名的 4 个地方。

嘉宾解读

康震： 忠孝礼义，是古代的四种道德标准。忠，指尽己为人；孝，指孝顺长辈。孝是伦理道德，而忠是政治层面的道德，有一个成语叫"移孝为忠"，就是化家为国，家国同构。孔子曾说："仁者人也，亲亲为大；义者宜也，尊贤为大；亲亲之杀，尊贤之等，礼所生焉。"就是说仁以爱人为核心，义以尊贤为核心，而礼就是对仁和义的具体规定。

（正确答案：忠县、崇仁县、孝德镇（尚义县））

4

请从地名阵列中，挑选出 7 个明清时期京杭大运河流经的城市。

京杭大运河： 是世界上里程最长、工程最大的古代运河，也是最古老的运河之一，与长城、坎儿井并称为中国古代的三项伟大工程。京杭大运河南起杭州，北到北京，途经浙江、江苏、山东、河北四省及天津、北京两市，贯通海河、黄河、淮河、长江、钱塘江五大水系，全长约 1794 公里。

（正确答案：扬州市、宿迁市、聊城市、德州市、嘉兴市、廊坊市、徐州市）

地 理 中 国

第九期　　　　　地名里铭刻着中华大地的物阜民丰

壹

一举成名

1

中国的成语中包含了很多有意思的地名，在"中流砥柱"和"力挽狂澜"中，暗含了一个地名，这个地名是？

A. 中流　　B. 砥柱　　C. 力挽　　D. 狂澜

嘉宾解读

康震：在早期中国，砥柱就是华夏大地上一个著名的地标。《尚书》《晏子春秋》《水经注》等书中都有相关记载。相传上古时代，因这座山堵塞了黄河的河道，大禹治水时，凿宽山两侧的河道，使河水分流而过，这座山就象一根高大的石柱，矗立在黄河的急流之中，砥柱山由此得名。

2

孔子曾经说过，读《诗经》可以"多识于鸟兽草木之名"，其实中国许多地名都来自先民对当地草木的认识。以下选项不符合这一逻辑的是？

A. 桃园市因桃花而命名　　B. 榆林市因榆树而命名

C. 桂林市因桂树而命名　　D. 牡丹江市因牡丹而命名

嘉宾解读

胡阿祥：其实牡丹江是从满语演变来的，它在满语中的意思是弯曲的江，后来为了称呼的方便，改为牡丹江。整个东北地区有不少地名跟满语有关。比如松花江，满语原意是"大如天河"。

318 国道被称为"中国人的景观大道"，途经无数优美风景，那么以下风景名胜不在 318 国道沿线的是？

A 西藏—布达拉宫

B 四川—泸定桥

C 四川—邛崃山

D 陕西—华山

嘉宾解读

胡阿祥：布达拉宫位于西藏拉萨，泸定桥位于四川甘孜藏族自治州泸定县，邛崃（qióng lái）山位于四川邛崃市，华山位于陕西华阴市。

318 国道正式的名字是"沪聂线"。它的起点是上海市黄浦区，终点是西藏日喀则市聂拉木县。根据地图显示可以看到华山并不在 318 国道上。318 国道全长 5476 千米，是中国目前最长的国道。318 国道被称为"中国人的景观大道"。国道串起了许许多多中国人熟悉的地名，例如，西湖、黄山、神农架、张家界、贡嘎、纳木错等，是中国乃至于世界上美景最为集中的景观长廊。

318 国道上的景观为什么那么丰富？因为它横切了中国的三级阶梯。三级阶梯是中国地理的基本特点，它影响了不同地域不同人们的生产方式，它造就了不同的地方文化。

康震：318 国道是一个充满人文历史的大道。一路上可以穿过江南水乡、徽商旧路、天府之国、茶马古道等。318 国道穿越了汉、羌、回、满、蒙、藏族等 50 余个民族的聚居区，是一条民族交融的大道。通过这条路，可以看到中华大地的辽阔，可以看到中国文化的多样。

（正确答案：D. 陕西华山）

小课堂：318 国道穿越三级阶梯

中国地势西高东低，呈阶梯状分布，分为三级阶梯。第一阶梯是号称"世界屋脊"的青藏高原，包括青藏高原和柴达木盆地两大地形单元，平均海拔 4000 米以上。青藏高原的边界是昆仑山、阿尔金山、祁连山和横断山脉。此线往东就是中国的第二级阶梯，包括准噶尔盆地、塔里木盆地、内蒙古高原、黄土高原、四川盆地和云贵高原等地形单元，海拔多在 1000 至 2000 米。第二级阶梯往东，过了大兴安岭、太行山、巫山、雪峰山一线就是第三级阶梯了，第三级阶梯是地势最低的一个阶梯，平均海拔多在 500 米以下，包括东北平原、华北平原、长江中下游平原、东南丘陵、山东丘陵和辽东丘陵等地形单元。

318 国道高度整合了中国东部、西部的自然和人文景观，穿越了中国整个地形的三级阶梯。神奇的是，许多世界级的景观竟然集中在这条大道两旁及周边 100 公里范围内。譬如，东部的名山名湖有黄山、庐山、西湖、太湖、洞庭湖、鄱阳湖等；西部的名山名湖有贡嘎、南迦巴瓦、珠穆朗玛、希夏邦马、羊卓雍错、纳木错等。

4

看下图这座很像温度计的桥。它横跨淮河两岸，外表是地球形状，分为南北两半球，也连同了南方北方。桥身红色的一半象征着温暖的南方，蓝色的一半象征着寒冷的北方。来到这里的人，可以做到脚踏南北两地。请问这座有趣的桥位于哪座城市？

淮安红桥

A. 江苏淮安　　B. 安徽芜湖　　C. 江苏常州　　D. 安徽安庆

嘉宾解读

胡阿祥：按道理来说，秦岭—淮河沿线的城市都可以建这个的。因为秦岭淮河一带是中国的南北分界线。"淮安"这个名字里的"淮"指的是淮河。秦岭就像一堵墙，阻止冬季冷空气南下，拦截东南海洋气流北上，形成秦岭南北两侧降水量和温度的差异，秦岭向东延伸与淮河相接，因此秦岭、淮河就成为中国南北方的分界线。

（正确答案：A. 江苏淮安）

"九寨归来不看水"，是对九寨沟景色真实的诠释。九寨沟因什么得名？

A. 九个山谷　　B. 九条溪流　　C. 九个村寨　　D. 九个城堡

九寨沟位于四川省阿坝藏族羌族自治州九寨沟县境内，地处青藏高原、川西高原、山地向四川盆地过渡地带。因沟内有树正寨、荷叶寨、则查洼寨等九个藏族村寨，因而得名。

（正确答案：C. 九个村寨）

5

陆家嘴

6

有很多地方因姓氏而得名，比如《西游记》中的高老庄。以下哪个地方是因为姓氏而命名的？

A. 张掖　　B. 柳州　　C. 苏州　　D. 陆家嘴

嘉宾解读

胡阿祥：陆家嘴因该地原为黄浦江岸突出的一个沙嘴，因明代翰林学士陆深居此处而得名。苏州因姑苏山而命名；张掖取"张国臂掖，以通西域"之意而得名；柳州得名有两种说法，一说是以柳江命名，另一说是以州界柳岭为名。

（正确答案：D. 陆家嘴）

7

二十四节气中，丰收的季节是秋分前后。以下哪种物产在秋分时节收获？

A. 长兴梅　　　　B. 奉节脐橙

C. 容县沙田柚　　D. 洛川苹果

嘉宾解读

胡阿祥：洛川县隶属陕西延安市，人称"苹果之乡"。十月份是洛川苹果的收获季节，在农历的秋分前后。每年六七月，长江中下游地区持续阴雨天，江南的梅子这时也成熟了，我们常说的"梅雨时节"就是这么来的。所以浙江长兴的青梅应该是夏初收获，不是秋天。奉节脐橙是重庆市奉节县特产，每年十一月下旬开始上市。容县的沙田柚在每年的十月下旬成熟。

康震：二十四节气起源于黄河流域，也就是我们所说的中原地带。后来逐渐扩大到全国，成为通用的农事指导。二十四节气是中国农耕文明的智慧成果。古人在几乎没有任何气象观测仪器的时代，仅凭肉眼观察和身体感受就总结出这样一套简练的规律，用以指导农耕生活。农作物春生、夏长、秋收、冬藏，而农人也跟着规律进行春耕、夏锄、秋收、冬藏。

（正确答案：D. 洛川苹果）

小课堂：二十四节气

立春、雨水、惊蛰、春分、清明、谷雨、立夏、小满、芒种、夏至、小暑、大暑、立秋、处暑、白露、秋分、寒露、霜降、立冬、小雪、大雪、冬至、小寒、大寒。这是农历吸收了干支历"二十四节气"成分用来指导农事的补充历法，是古代中国农业文明的具体表现，具有很高的农业历史文化研究价值，是先民在认识自然、与自然共存过程中，通过对客观世界规律的把握，总结出来的特有的历法体系。2017 年联合国批准将中国的"二十四节气"列入联合国教科文组织人类非物质文化遗产代表名录。

虽然我们很多人离农耕生活很远，但是从农耕时代延续下来的传统力量，仍然深刻地影响着我们的生活。比如：冬至大家都要吃饺子；立秋要吃红烧肉，贴秋膘；立春要吃素合菜，等等。

3

许多地名的背后都有耳熟能详的历史传说，以下哪个选项是错误的？

A. 武汉忠孝门因"岳飞葬母"而得名

B. 河津三迁村因"孟母三迁"而得名

C. 北京百望山因"佘太君在山顶为子观敌瞭阵"而得名

D. 曲阜颜母山因"颜母生孔子"而得名

嘉宾解读

胡阿祥：河津三迁村因黄河多次改道、村庄迁移而得名。黄河以"善淤、善决、善徙"而著称，向有"三年两决口，百年一改道"之说。历史上有记载的改道次数就达上千次。黄河流经黄土高原时带走大量泥沙，到了下游平原地区泥沙沉积，导致河床抬升，水位相应上升，成为"地上河"，所以就容易改道。

康震：从"三迁村"的名字就可以看出来黄河改道的频繁，人们常说的俗语"三十年河东，三十年河西"也是从黄河改道的现象中得来的。黄河的改道给古代的人们带去了深重的苦难，但是黄河漫水过后，沉淀下大片湿润的淤泥，膏腴地肥，这也让黄河流域成为华夏文明的摇篮。黄河塑造了素有"塞上江南"之称的宁夏平原和河套平原，它还携裹着黄土高原的泥沙，在下游冲击出了华北平原这一天下粮仓。历史上，黄河曾经从今天的天津入海，天津这座城市所在的区域正是由黄河入海带来的泥沙形成的冲积平原。

以下哪一个地名是以人名命名的？

A. 高黎贡山　　　B. 朱日和镇

C. 神农架林区　　D. 王朗自然保护区

补充解读：神农架是以中华民族的祖先神农而命名。传说他教先民"架木为屋，以避凶险""架木为梯，以助攀缘"，又采得了良药400余种，让人们远离疾病苦难。后人缅怀神农的贡献，便将这座高山称做了神农架。

（特别出题人，从事海底地理实体命名的朱本铎）

在中国除了九百六十多万平方千米的陆地有地名外，在深远的海底也都有相应的地名。请问哪个海底地名的命名与郑和下西洋事件有关？

A. 勇士海山　　　B. 忠孝海底峡谷

C. 宝船海丘　　　D. 万户海山

嘉宾解读

朱本铎：从1986年开始，我们国家就开始对海底的地理实体进行命名，当时大部分是采取用数字加字母进行命名，数量非常少，而且仅运用在科研及航海方面，并没有对外公开，也没有得到国际上的承认。2001 年，广州海洋地质调查局一些老同志提议，应该进行系统性、标准化的地名命名工作。这项工作落在了我身上。那时候，我们不知道该往哪里报，我甚至还打了 114 查询相关单位电话，想与他们沟通。对一个地方命名需要了解这个地方的特征，这些海底山川都在海洋深处，我们便去海上考察，通过声呐等相关仪器进行测量。我还记得刚刚开始做这份工作的时候，一年当中有 8 个月的时间都漂在海上。中国重要领土——曾母暗沙，其实最初不是由我们自主命名的，是"James Shoal"的音译。"James"是外国人的名字，但用习惯了，久而久之，现在大家就都用曾母暗沙这个名字了。我可以打个比方，我们自己的孩子，一定是亲自给他取名的，如果我们每次呼唤自己的孩子，还得用别人取的名字，那会是一件非常伤心的事情。

在南海领域有 255 个地理实体已经正式命名了，同时在太平洋、大西洋深处也有我们命名的地理实体。2011 年以来，中国连续 6 年向国际海底地名分委会提交命名提案。

不同片区根据不同取名原则，如太平洋里有牛郎平顶海山、织女平顶海山。南海北部的海山我们以中国古代科学家和医学家命名，东南部的海山以唐宋诗人、词人命名，西南部的海山以中国古代航海家命名，西部的海山取词于唐诗《春江花月夜》。

胡阿祥：中国自战国时代开始就习惯使用"海内"这一政治概念，与"天下"地理称谓同时通行。为海底命名的这项工作，就是我们宣誓我们国家的存在、维护我们国家海洋权益的一个重要方式。

康震：中国有大约 300 万平方公里的海洋领土，占陆地总面积不到三分之一。中国人创造了伟大的大陆文明，数千年来，我们一直也是航海大国和海洋商贸大国。我们走向海洋强国还需要像朱本铎他们团队一样的工作者，做很多基础性的工作。

贰

实至名归

线索 1: 这里发现了世界上最深的海洋蓝洞, 深度超过 300 米。

线索 2: 它是中国最南端的地级市。

线索 3: 它包含了三个群岛。

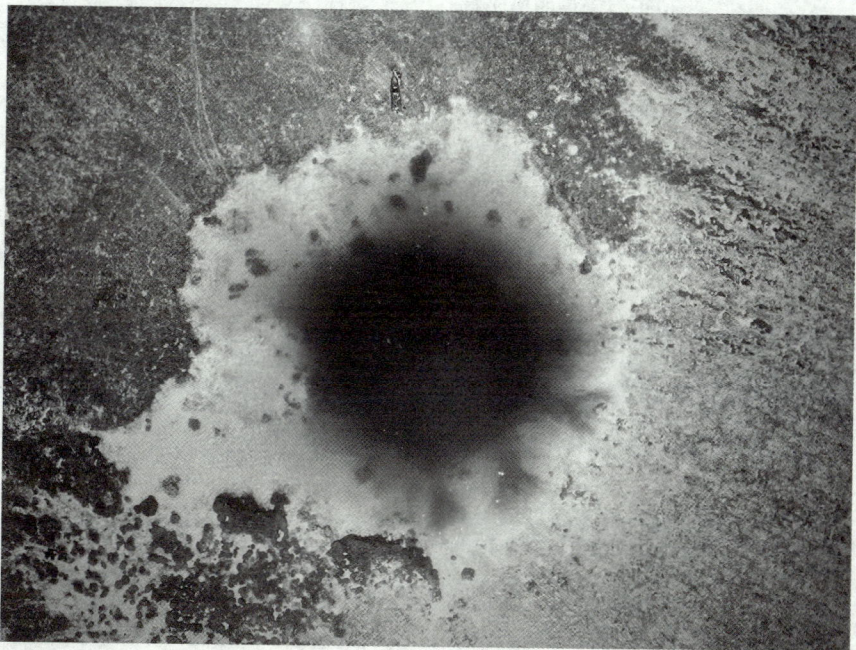

海洋蓝洞

康震：我想中国最美的海洋风貌都在那里。南沙群岛是南海上散布范围最广的珊瑚礁群；中沙群岛有座海底花园；而提起西沙群岛，就能想到小学课文《富饶的西沙群岛》，三沙市就统辖这三个群岛及其海域。

（正确答案：三沙市）

2.

线索 1：唐朝僧人鉴真计划东渡日本，却无奈在这里上岸。

线索 2：这个城市的别名与"鹿回头"的传说有关。

线索 3：天涯海角是当地一著名旅游风景区。

嘉宾解读

康震：三亚，因六罗河、羊岭水、官坝溪汇集于此，成"丫"字形，故名三亚。三亚历史悠久，在明代《正德琼台志》已有"三亚村""三亚里"的记载。三亚简称崖，古称崖州，别称鹿城，位于海南岛的最南端。

胡阿祥：三亚现在是旅游胜地、度假天堂，是因为这里阳光充足，地处热带。中国横跨 49 个纬度，大兴安岭的雪花还在飞舞，海南岛上的鲜花已经盛开。我们中国地理特征的丰富多样，在世界上也是极少有的。

（正确答案：三亚市）

3.

线索 1：陶渊明在这里采过菊，白居易在这里送过客，李白在这里登过山。

线索 2：历史上，这里是四大米市之一。

线索 3：它位于长江和京九铁路的交叉点。

嘉宾解读

胡阿祥：九江名字的由来有两种解释，一说是虚指，指代当地有很多江；一说是实指，真有九条江——赣江、锦江、上饶江、淦水、抚河、南水、信丰江、修河，以及鄱阳湖，所以九就是实指。九江是"三江之口、七省通衢"的重要通商口岸。九江内密布如此多的河流，使得九江从晋代起就是交通重镇，具有承东启西、承北接南的位置优势。宋朝开始，九江就渐有米市的雏形，到明清时，九江成为闻名天下的米市，成为唯一一个既是米市又是茶市的商贾重地。大量米粮常年通过水运运往长江中下游各埠。

> **线索 1：这里的弋阳县有革命烈士方志敏纪念馆。**
>
> **线索 2：此地北东南三面环山，西面为中国第一大淡水湖鄱阳湖。**
>
> **线索 3：这里的婺源县有热门旅游打卡点油菜花田。**

嘉宾解读

康震：上饶得名于"山郁奇珍，上乘富饶"。从地名就可以看出这里是"富饶之洲"。上饶的富饶离不开鄱阳湖的滋养。鄱阳湖周边肥沃的冲积平原是天赐粮仓，而鄱阳湖水域为人们提供了丰富的渔业资源，鱼米之乡的美誉因之流传。

婺源油菜花

5

线索1：它的西北部是著名的羌塘无人区。

线索2：它的名字来自藏语，意思是"黑色的河流"。

线索3：青藏铁路进入西藏以后的第一站在它境内。

补充解读：那曲市因流经境内的那曲河而得名，位于西藏北部怒江上游。"那曲"在藏语中意为"黑色的河"。

（特别出题人，国家测绘局第一大地测量队的退休工程师——张志林）

6

线索1：我们在这里测量过世界最高峰珠穆朗玛峰。

线索2：这里的地名来自藏语，意为"（土质）最好的庄园"。

线索3：这是西藏除拉萨市之外设立的第二个地级市。

嘉宾解读

张志林：我们是中国最早勘测珠峰高度的人。珠峰地区环境极为险恶，那时的装备保障条件又十分简陋，我们每人身负四五十斤重的仪器，还要攀悬崖、爬冰山、避冰缝、躲雪崩，十分艰苦，虽然那个时候我已经 39 岁了，但是我没有选择后退，毅然

决然踏入青藏高原，圆满地完成了整个任务。8848.13米这个数据一经发布就得到世界联合国组织的认证，进入了课本。我记得有一次，我们的汽车陷在冰湖中，所有人光脚跳到湖里，拿手挖石头和冰块，下去几分钟手脚就失去知觉了，上来暖和一下，再下去。这样反复几次，大家好不容易把汽车解救出来后，坐在半山坡上正喘着气，忽然看见对面山坡上雪崩的壮观景象，在明媚的阳光下，雪山一泻千里，整个山谷都溅起了飞沫，这种只有在电影里才见到过的场景就发生在我们眼前，那种壮观和震撼让我们谁都说不出话来，让我这一生都难以忘记。

其实我回想自己测绘几十年的经历，那些平常时候不曾见过的奇迹般的场景，包括我在新疆罗布泊，在原子弹爆炸区的所见所闻，都成为了我一生中最珍贵的回忆。不止是珠峰，我们所在的国测一大队，从成立之初就一直用双脚丈量着中国大地。国测一大队还进行过南极重力测量、中国地壳运动观测网络、西部无人区测图、海岛（礁）测绘、汶川灾后重建测绘保障、现代测绘基准体系建设、第一次全国地理国情普查、第三次全国土地调查等重大任务。

我们这一代见证了新中国一步步走向强大，干测绘事业是我的初心，我也把这项事业坚持到了最后，如今我们国测一大队的

珠穆朗玛峰

脚步几乎踏遍全国，一代一代的测绘人也在不断接力，继续做着丈量祖国大地的工作。

胡阿祥："经天纬地，开路先锋"，这是测绘事业的写照。这项鲜为人知的工作十分重要，从国家的发展规划到每一项建设工程，都需要测绘工作者绘制精确的地理坐标。他们是真正用青春和生命丈量祖国大地的人。正是有了他们的工作，我们才能在地图上看到每一个地名所在的位置。

康震：传承测绘人的精神信念——没有比人更高的山。他们用生命和青春换来一个个数据，让我们从抽象的数据里看到中国的全貌，让我们认识到一个前所未有的立体的中国。

张志林工作时照片

叁

闻名不如见面

历代帝王都对嵩山特别推崇，武则天也曾登过嵩山，还给山脚下的嵩阳县改了名，请问改成了什么？

1

嘉宾解读

胡阿祥：隋朝时，嵩山脚下设有嵩阳和阳城两个县。公元695年，武则天在嵩山的峻极峰修筑一座登封坛，进行祭祀活动。第二年，武则天又来到嵩山的登封坛上，在嵩山封禅、封岳神。

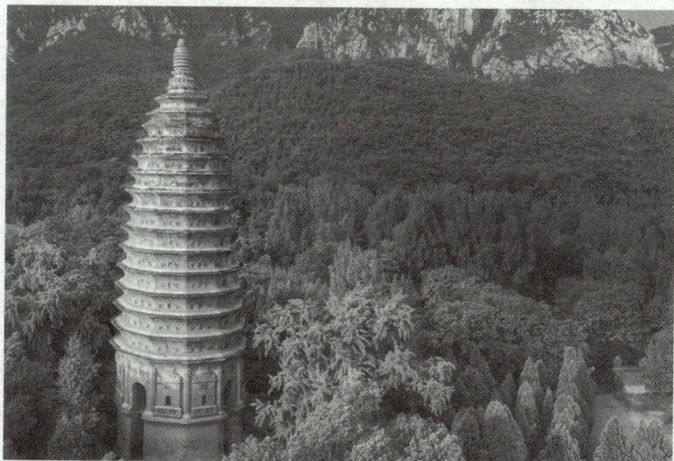

嵩山

随后，武则天下了一道诏书，改年号为"万岁登封"，并把当时的嵩阳县改为登封县，把阳城县改为告成县，以表示她"登嵩封岳大功告成"之意。后来，告成并入登封县。

康震：嵩山古称外方山，夏禹时称嵩高、崇山，商汤时称嵩高。嵩山地处中原，东依河南省会郑州，西临古都洛阳，北临黄河，一直以来都是京畿之地，是古京师洛阳东方的重要屏障。嵩山不是一座山，而是两座。一座叫太室山，也就是人们传统常说的嵩山，另一座叫少室山。少林寺位于少室山，少林也就是少室山茂密丛林的意思。北魏时期，释迦牟尼的第二十八代佛徒菩提达摩历时三年到达少林寺，首传禅宗，影响极大。因此，嵩山少林寺不光是一个练武的地方，少林寺也被世界佛教统称为"禅宗祖庭"。

（正确答案：登封）

2

在恒山山脉一带，八路军取得过全面抗战开始后的第一场大捷，请问这个大捷是？

嘉宾解读

胡阿祥：恒山就是一座巨大的天然屏障，横亘在蒙古高原和中原腹地之间，恒山北边是善于骑射勇猛彪悍的游牧民族建立起来的政权，恒山南向是以农耕文明为代表的汉民族政权。恒山阻挡了游牧民族进入中原。在恒山河谷处有几个非常重要的关隘：倒马关、紫荆关、平型关、雁门关、宁武关。其中雁门关也被称作"三边冲要无双地，九塞尊崇第一关"。

（正确答案：平型关大捷）

3

衡山素有"变应玑衡，铨德钧物"之美誉，这里的文化气息非常浓郁。佛教、道教、儒家三大文化在这里和谐共处，传承千年。岳麓书院中、爱晚亭下，每天都能听见诗词的吟诵声，闻到淡淡的墨香味。那么，你知道"爱晚亭"的名称由来吗？

嘉宾解读

胡阿祥："南岳"一词最早见于春秋战国时期，《尚书·虞书》中记载："（舜）五月南巡狩，至于南岳。"衡山处于五岳中的最南方，所以又叫南岳。南轸宿玉衡星主管人间苍生寿命，所以南岳衡山也称为"寿岳"。

康震：山不在高，有仙则名。衡山是一座文化名山，最有名的就是"岳麓书院"，岳麓书院历经宋、元、明、清各个朝代至今，历史已逾千年，是罕见的"千年学府"，朱熹也曾在此讲学。这里的学生包括王夫之、曾国藩、左宗棠、熊希龄、程潜等，"惟楚有才，于斯为盛"正是岳麓书院的真实写照。这些人名为衡山赋予了重要的文化地位。

这里深秋时节的万山红遍造就"爱晚亭"的盛名，爱晚亭被称作中国四大名亭之一。虽然杜牧并没有来过这里，但他用诗句描绘的山林秋色图，却也刚好符合了这里的景象。

"斧劈石"讲述的是华山哪个故事？

嘉宾解读

胡阿祥：华山在中国的文化中有很高的地位，很多文化典故都和它有关。例如，玉泉水醉李白，苍龙岭惊倒韩愈，陈抟老祖（希夷）与赵匡胤下棋赢华山，等等。自古华山一条路，上下山只有一条几乎垂直的阶梯路，而那条路游人必须紧紧拉住铁锁才能艰难前行。其实，华山就是一块坚硬巨大的花岗岩，它的三座主峰合拢相拥而形成的莲花状山势，前人说三峰"一石以为茎，二峰以为叶"，形象地描绘出了华山三峰形似莲花的特点。

康震：我们刚刚从不同的侧面了解了五岳。其实在古代中国，五岳不仅是地理名称，还象征着国土和疆域。在东西南北中五个方位，统治者选定五座名山，就像撑起江山巨帐的擎天柱，打上了天下四方地理坐标的烙印。

5

你知道泰山的别称是什么吗？

嘉宾解读

胡阿祥：泰山在华北平原上拔地而起，因而显得更加巍峨高大。东部大平原（华北平原与长江下游平原），是古代中国大部分时期的人口重心所在地，泰山也几乎位于东部大平原的中央，对于站在山脚下的古人来说，泰山是可望不可及的，给人以顶天

泰山

立地的感觉。

康震：中国古代有"泰山安，四海皆安"的说法。泰山封禅是古代最为重要的国家祭祀仪式，但真正能够封禅泰山的皇帝却很少，因为没有足够的功绩，皇帝是不敢随便封禅泰山的。两千年来有上百次帝王赴泰山祭祀的记录，却仅有六位皇帝在泰山封禅，他们是秦始皇、汉武帝、东汉光武帝、唐高宗、唐玄宗、宋真宗。中国人也常常把妻子的父亲称作"泰山"。

在上述表格中，挑选出 5 个以植物或矿产命名的地方。

补充解读:海盐县: 隶属浙江嘉兴市，秦时设县，因"海滨广斥，盐田相望"而得名。

桂林市: 秦朝征服百越后在岭南设桂林郡，因此地盛产玉桂树而得名。（然秦时桂林郡治所不在今天桂林市）

石棉县: 隶属四川雅安市，"石棉"是天然的纤维状的硅酸盐类矿物质的总称，因此地盛产优质石棉而得名。

攀枝花市: 位于四川省西南部，曾名"渡口市"。1987 年因市内多攀枝花树而改名为攀枝花市。

瑞金市: 位于江西省东南部，唐天祐元年（904）在此设瑞金监，因"掘地得金，金为瑞"，故名。

在上述表格中，挑选出其命名与数字有关的 6 个地名。

补充解读：三门峡市: 位于河南省西部。传说大禹治水，挥神斧将高山劈成"人门""神门""鬼门"三道峡谷而得名。

四会市: 隶属广东省肇庆市，因境内有西江、北江、绥江、龙江，四水会流，故名。

十堰市: 位于湖北省西北部。堰，本义为拦河蓄水之坝。清朝时，人们为灌溉农田，于此修筑了十堰，故名。

九寨沟县: 隶属四川省阿坝藏族羌族自治州，因有九个藏族村寨而得名。

三沙市: 地处中国南海中南部，隶属海南省，下辖西沙群岛、中沙群岛、南沙群岛的岛礁及其海域。

三河市: 隶属河北省廊坊市，唐开元四年（716）置县，因地近七渡、鲍丘、临泃三水而得名。1993 年改设三河市。

在上述表格中，挑选出 8 个以山水阴阳命名的地方。

嘉宾解读

康震：古代以山南、水北为阳。这主要和中原地区地理及太阳照射有关。概念形成时的中原地区，指的是黄河中下游一带，在北回归线以北，阳光会从南面照射，山的南面可以被太阳照射到而北面则受不到阳光照射，所以山南为阳，山北为阴。由于地形是西北高向东南渐低，水往低处流，所以南岸较容易受到河水的侵蚀，地势低湿，岸下难受光照；北岸反之。所以，水南为阴，水北为阳。这一说法后来推广到整个中国。

在上述表格中，挑选出 4 个与天气天象有关地名。

补充解读：茂名市电白区：位于广东省西南部，古时此地多雷电，故名。

雷州市：隶属广东省湛江市，曾名"海康"（县），1994 年撤销海康县，改为雷州市。

云县：隶属云南省临沧市，明朝时称云州，民国二年（1913）更名为云县。

云南省：中国 34 个省级行政区之一，位于中国西南部，汉武帝元封二年（前 109），开地西南夷，置县二十四，云南为其一。

文 化 基 因

第十期

走进地名中的人文历史

壹

一举成名

1

十二生肖是中国经典的文化符号，中国有许多以十二生肖开头的地名，请选择一个生肖填入中央的空格中并组成四个地名。

丘

门　　　牢

跑

补充解读：虎丘山风景区位于苏州西北；虎门镇隶属广东省东莞市，在珠江口东岸；虎牢关、成皋关、古崤关，位于今河南荥阳市西北的汜水镇；虎跑泉位于西湖西南大慈山白鹤峰下。

（正确答案：虎）

函谷关

相传思想家老子曾在河南一个重要关口写下了《道德经》，这个关口地处"两京古道"，紧靠黄河岸边，因关在谷中、深险如函而得名。请问这是哪里？

A. 蒲津关　　B. 函谷关　　C. 临晋关　　D. 武关

嘉宾解读

康震：鲁迅先生曾经说过"中国文化的根柢全在道教"。"一分为二，谓天地也"，这样对立统一的概念在古代就已出现了，这是我们中国人骨子里对世界认知的一种起源。辩证法是中国人普遍的思维方式，我们看任何事情都不是绝对的、孤立的、僵化的、固定的，而是用一分为二的观点看问题。不仅是待人做事，在很多重大的学术、战略思维上也都有这种思想核心，比如把人体看成一个系统、一个整体，头痛医脚、脚痛医头，阴阳互补；又比如赤壁东风，是把气象、物候、地理当成一个综合元素，系统地观察，才能够判断在冬季中有一次反常的气流；以及祸福相依、不破不立、大乱大治、金无足赤、人无完人等等，这些思维都是辩证法，是这种思想在具体应用中的延伸。所以说，一开始中国人的世界观和思维方式就是十分先进的。

六尺巷，因"让墙诗"而得名。六尺巷位于以下哪个地方？

A. 浙江桐庐　　B. 安徽六安

C. 浙江嘉兴　　D. 安徽桐城

嘉宾解读

胡阿祥： 说到六尺巷，就要讲到"让墙诗"这个有趣的典故了。清朝文华殿大学士、礼部尚书张英有一天收到一封家书，说因为邻居因盖房而越界，占用了原本属于张家的三尺地界，于是两家发生了纠纷。张英读完后写信回复了这首"让墙诗"——千里家书只为墙，让他三尺又何妨？万里长城今犹在，不见当年秦始皇。张家接到书信后，深感愧疚，毫不迟疑地让出了三尺地基。邻居见状，觉得张家有权有势，却不仗势欺人，也效仿张家向后退让了三尺地基，随后二家院墙之间空出六尺宽的空道，所以叫"六尺巷"。六尺巷影响了很多人，成为礼让典范，至今桐城还有"争一争行不通，让一让六尺巷"的说法，形成了和谐的君子文化。

礼让是中国人的美德。作为五千年文明古国，中国人在生活中有很多约定俗成的观念都体现着"礼仪之邦"的传统，这些道德规范伴随着我们的成长，伴随着长辈的耳提面命深入到每一个家庭，成为每一个中国人的文化基因。所以我国自古被称为礼仪之邦，中国的社会也显得尊卑有序、长幼有序、和谐友善、人情温暖。

（正确答案：D. 安徽桐城）

六尺巷

北京最窄的胡同叫"钱市胡同"，它最窄的地方只有 0.4 米，也就是说两个人迎面走，需要侧身才能通过，如果一个人推着自行车，就难以通行了。这条胡同的命名由来很有趣，那么"钱市胡同"因何得名呢？

A. 此处有财神庙　　　B. 银钱交易活动多

C. 姓钱人家在此居住　　D. 胡同居民富有

补充解读： 钱市胡同临近著名商业街大栅栏，在胡同西端有一座大罩棚，是清代官办的银钱交易大厅，简称"钱市"，胡同名称由此而得。当时的钱市胡同还比较宽敞，不像现在这样狭窄。可以说钱市胡同是中国现存最早也是最完整的金融交易所。

相传，这里曾发生过一场著名战役，黄帝部落和炎帝部落曾在此大战蚩尤部落，它的正确读音是？

涿鹿

A. Zhūlù　　B. Zhuōlù

C. Zhúlù　　D. Zhuólù

嘉宾解读

胡阿祥： 涿鹿县隶属于河北省张家口市，《涿鹿县志》记载，涿鹿先秦以前史书上称独鹿。因为当地有一座山形状似一只奔跑的梅花鹿，所以叫做独鹿。后来因山脚下有泉水流出，又称为浊鹿，不久改为涿鹿，称这个山为涿鹿山。关于题目中的涿鹿之战，最早的可靠文献记载是司马迁的《史记》："于是黄帝乃征师诸侯，与蚩尤战于涿鹿之野，遂禽杀蚩尤。"还有"（黄帝）邑于涿鹿之阿"。如果黄帝时候已像《史记》所记的有了"涿鹿"这个地名，那么"涿鹿"可以说是中国目前现存最早的地名，距今已有5000多年历史了。

（正确答案：B. Zhuolù）

6

《声律启蒙》是古人教孩子律对的启蒙读物，其中有一句"三尺剑，六钧弓，岭北对江东"。这里"江东"的"江"指长江，江东又被称作什么？

A. 江内　　B. 江北　　C. 江左　　D. 江右

嘉宾解读

康震：《声律启蒙》是康熙年间一位叫车万育的进士编写的启蒙读物，是为了训练儿童掌握声韵格律、写诗用的，它的文学性绝不输于古代的诗词歌赋，将汉语的音律之美展现得淋漓尽致。

除了在声韵格律方面，更重要的是《声律启蒙》中的每一句话都描绘了一个中国典型的文化意境，具有非常高的代表性、典型性以及中国特色。这种意境会出现在很多的文学与艺术作品中，包括诗词、古文、美术、书法、雕塑，这些典型的中国情趣、中国味道、中国风韵以及中国情感，深深影响着孩子们，在潜移默化中熏陶、启蒙着下一代。

胡阿祥：像《声律启蒙》《千字文》《三字经》等传统启蒙读物，不只是从情趣、品味、情感方面，而且还从价值观、人生观、世界观等多个方面把我们的文化、传统、民族精神以及知识遗产完整而持续地传承下来。这些蒙学读物中有很多的描写都充满了人性、自然与美，对一个人的情趣和人格养成起到了非常重要的作用。

（正确答案：C. 江左）

绵延近 400 公里的大别山，是红四方面军的诞生地，是一块红色的沃土。以下哪一个革命根据地建立在这里？

A. 晋察冀革命根据地　　　B. 鄂豫皖革命根据地

C. 陕甘宁革命根据地　　　D. 湘鄂西革命根据地

补充解读：提起大别山，相信很多人的第一印象都是小学时的一篇课文《千里跃进大别山》。大别山坐落于湖北省、河南省、安徽省的交界处。大别山脉连绵数百里，是中国长江和淮河流域的分水岭，山南麓的水流入长江，北麓的水流入淮河，因此大别山南北的气候环境截然不同，植物差异也很大。大别山之名最早可以追溯到我国第一部地理著作《尚书·禹贡》"导嶓冢，至于荆山；内方，至于大别"，"大别"即大别山。这里西临武汉，南接南京，其独特的地理位置让这里成为军事重地，当年刘邓大军挺进大别山，如同一根钉子插入了敌人软肋，让国民党的布防首尾难顾，就是这个原因。

河南安阳先后为商、曹魏、后赵、冉魏、前燕、东魏、北齐的都城，素有"七朝古都"之称，而更为世人所熟知的是安阳出土了大量的甲骨文，被称为"甲骨文的故乡"。你知道"安阳"在甲骨文中如何书写吗？

嘉宾解读

胡阿祥：A 和 D 的第二个字是一样的，A 是北京，D 是南京。而 B 是商丘，商王的后裔被周王分封到宋国。宋国就在商的故地，因商王朝的深远影响，宋又被称为"商"，亦称为"商丘"。甲骨文的"丘"与"山"相似，不同之处在于，"山"有三个峰头，"丘"只有两个峰头。所以它的造字本义就是两峰相连的山。

康震：文字本身是纽带，是强有力的灵魂。文字本身就是传递文化基因的载体，一个文明的基础就是文字，中国的文字是一种使中华文明延续五千年，能够把广阔领域不同文化、不同民族的人们凝聚在一起的力量。作为记录中华文化的载体与媒介，汉字一直是维系国家统一的重要支柱。

战国时期的稷下学宫，云集各方人才，兼容百家理论，是我国最早的官办大学。稷下学宫位于以下哪个地方？

A. 鲁国都城曲阜　　B. 秦国都城咸阳

C. 齐国都城临淄　　D. 赵国都城邯郸

嘉宾解读

康震：稷下学宫是世界上第一个高等大学，比希腊的雅典学院还要早 20 年。战国时，齐国君主为了招揽人才，在齐国国都临淄城的稷门附近设立学宫，所以得名稷下学宫，像这样命名的高等学府，还有东汉洛阳的鸿都门学。

稷下学宫是战国时期"百家争鸣"的聚集地。曾汇聚了诸子百家中的所有学派和大师。"百家争鸣"奠定了中国文化的坚实基础，中国文化几大核心思想也是在这个时期确立的，比如道家的世界观、儒家的道德体系、法家的治国理念、墨家的科学思想还有兵家的战略思维等等，这些思想穿越了几千年仍然在影响着我们。中国文化从来都不是某个单一的族群文化，而是一个博大精深、兼容并蓄的综合整体，是一个不断破旧立新、不断发展进化的立体的、综合的文明，具有着强大的适应性、生命力和向心力。

孔府是孔子的历代嫡系后裔居住的地方，位于孔子的出生地山东曲阜。以下关于曲阜命名由来的说法，正确的是哪一个？

A. 因一个人物而命名　　B. 因著名建筑而命名

C. 因地理实体而命名　　D. 因著名事件而命名

嘉宾解读

胡阿祥：阜就是土山的意思，春秋鲁地有阜，弯弯曲曲七八里，所以叫曲阜。在中国，有一个大家族绵延传承了两千五百年，这就是孔氏家族。山东曲阜的孔府是孔子的历代嫡系后裔居住的地方，而孔氏家族的族谱，是中国历史上延续时间最长、包罗内容最丰富、谱系最完整的族谱。

"天下之本在国，国之本在家，家之本在身。""家国天下"的观念，把个人、家庭、社会、国家、天下这几个单元统一在了一起，所以家事虽小，却是"国"和"天下"的基础。家庭是中国人的伦理观念的基础，先人、祖宗是中国人做人、做事恒定的参照。所以像祠堂、家谱、祖宅、祖籍等等这些元素都是全世界华人非常看重的，因为这是我们的文化纽带、情感纽带。

贰

实至名归

线索 1：刻有"中国"铭文的青铜器何尊在这里出土。

线索 2：成语"暗度陈仓"的故事发生在这里。

线索 3：这里因为有"陈宝鸡鸣"的祥瑞而得名。

1

嘉宾解读

胡阿祥: 何尊是西周时期一名叫何的贵族所做的祭器,底部有122个字的铭文,其中"宅兹中国"是"中国"作为一个词组第一次出现,这里的中国是天下中心的意思。铭文记载周成王继承武王的遗训,以此地作为天下的中心,统治民众。铭文中的"中国"是一个地理概念,指国之中央,在华夏民族形成的初期,由于受天文地理知识的限制,便把自己居住的区域视为"天下之中",而其他则称为东、南、西、北四方。随着历史的演进、朝代的更替,"中国"一词渐渐从地理中心、政治中心,派生出文化中心的含义,"中国"是地理上的,更是文化上的,不仅是一块地方,更是一个彼此认同的文化共同体。直到清末,"中国"被用作国名,才正式出现在官方文书当中。中国这个称谓源于中国的天下观念,一直自视为中央王朝,有一种文化自信和天下太平、天下大同的责任感。

(正确答案:宝鸡市)

2

线索 1:中共七大会址杨家岭位于这里。

线索 2:抗战时期,八路军 359 旅在这儿的南泥湾开展了大生产运动。

线索 3:贺敬之写过一首关于这里的诗,有一句是"双手搂定宝塔山"。

嘉宾解读

康震:《南泥湾》这首歌火遍大江南北,也将 359 旅的英雄故事传遍大街小巷。南泥湾是延安的南大门,原来是一片荒地,被老百姓称为"烂泥湾",359 旅过来后,面对的情况是什么呢?没吃的、没穿的、没住的,连生产工具也没有,战士们只能自己动手制作农具、捡弹片,甚至跑去前线捡拾轰炸过的铁轨,拖回来制作农具。1940 年,359 旅进驻南泥湾,1942 年就实现了生产,将南泥湾变成了"平川稻谷香,肥鸭遍池塘。到

延安

处是庄稼，遍地是牛羊"的陕北好江南。

"天行健，君子以自强不息"，自力更生、艰苦奋斗是我们的优良传统，是中国人身上最普遍的精神，中国人特别能吃苦、特别能忍耐，是吓不倒、打不垮的，不只是在战争年代、不只是在民族危亡的时刻，即使是在普通的生活当中，我们都能够活出自力更生、艰苦奋斗的精神状态，没有过不去的坎，没有走不通的路。所以说自力更生、艰苦奋斗既是每一个中国人的人格，更是一个国家、一个民族的整体形象。

（正确答案：延安市）

线索 1：这里有地下"城摞城"和"地上悬河"两大奇观。

线索 2：宋人笔记《东京梦华录》描绘了这个城市的风土人情。

线索 3：这里别称"汴京"。

3

嘉宾解读

胡阿祥：秦朝的时候设立了开封县，开封是取"开拓封疆"的意思。开封是七朝古都，战国时期的魏国，五代的后梁、后晋、后汉、后周，北宋及金国都曾在这里定都。开封还有很多别称，如汴梁、汴州、东京、汴京、祥符、老丘、启封等等。"城摞城"也是开封的别称，它是一种不同朝代的古都、古城叠加在一起的奇观，充分体现了这座城市的深厚底蕴。

康震：宋代的城市化非常发达，据估计，北宋时开封的人口超过了 100 万，南宋的杭州应该超过了 150 万，是超大规模的城市。宋朝 GDP 在全球占有很大的比重。仔细看北宋画家张择端的《清明上河图》，街道两旁的店铺鳞次栉比，街上随处可见贩卖各式货物的商贩和熙熙攘攘的人群，同时汴梁还是一个不夜城，这里没有宵禁，夜市中的酒楼正常营业，会点亮店面的招牌。在《清明上河图》中可以看到，那时候已经开始用煤了，有很多商船，有体育运动，甚至还有送外卖的，足见当时社会的繁华以及先进程度。宋代的文化是中国的典型文化，它从多个方面塑造了中国文化的基本特征，当时的社会极其开放，技术十分发达，整个社会氛围既自由务实，同时也充满变革精神、科学精神和实用精神。

4

线索 1：这里有著名的"河图洛书"传说。

线索 2：龙门石窟位于这里。

线索 3：这里有"千年帝都，牡丹花城"的美誉。

嘉宾解读

胡阿祥：线索中的"河图洛书"是远古时期流传下来的两幅神秘图案。传说中有龙马从黄河出现，背负"河图"；有神龟从洛水出现，背负"洛书"。伏羲根据这两幅图画成了八卦。而这两个地方都是出自洛阳，它们一直被认为是华夏文化的源头。

这里的二里头遗址是中国第一个国家"夏"存在的地方，从这里出土的大量文物中，我们能够发现中国文化的重要源头和脉络，比如说陶器、青铜器，它的一些形制、元素都与后世几千年来的器物一脉相承。中间的鼎、鬲、甗等，尤其是以三足器为主，这些都是看得见的传承。二里头文化是中国历史上第一次出现了覆盖广大地域的核心文化，在极短的时间内吸收了各地的文明元素，以中原文化为依托而迅速崛起。

线索 1：2008 年，在这里的城门河上第一次使用了龙舟传递奥运火炬。

线索 2：这里的香港文化博物馆有金庸展馆，收藏有珍贵的《笑傲江湖》手稿。

线索 3：香港中文大学位于这里。

嘉宾解读

康震：金庸的作品可以说是影响几代人的，除了他瑰伟的想象和强大的文字感染力之外，一以贯之的浩然正气也是震撼人心的，他把武侠的"侠"字用很多个作品、很多个顶天立地的人物做了酣畅淋漓的解读，所谓"侠之大者，为国为民"，是对佛侠萧峰、道侠杨过、儒侠郭靖这样一些生动的人物身上那种骨气、力量最准确的概括。

中国人向来赞美"侠义精神"，它超越了江湖情节、江湖义气、个人恩怨，和中国传统的文化精神一脉相承，是家国天下精神最生动的一个侧面。可以说中国从来不缺少像郭靖、杨过、萧峰这样的大侠，在每一个普通人心中都深藏着一个大侠，每个人心中也深藏着"侠义"二字。读书万卷、仗剑天涯，这都是中国人基本的精神写照。

线索 1：著名的妈祖庙位于这里。

线索 2：这里的地标建筑是大三巴牌坊。

线索 3：这里与珠海陆地相连。

嘉宾解读

胡阿祥：妈祖姓林名默，她一生奔波于海上，救急扶危、济险拯溺、护国庇民、福佑群生。死后，她仍以行善济世为己任，救逢凶遇难于众，人们最终将妈祖奉为"海上女神"，为她修庙建碑。妈祖文化对澳门地区影响很深。在澳门，有妈祖街、妈祖山、妈祖庙，每年春节和农历三月二十三，妈祖庙里面祈福的人络绎不绝，外面搭台唱戏，特别热闹。

妈祖文化起源于福建，后来成为沿海地区甚至海外华人共同的传统信仰。"有海水处有华人，华人到处有妈祖"，中国人走到哪里，就把妈祖庙建到哪里，把妈祖宽广博爱、扶弱济贫、勇敢无畏、不屈不挠的精神和尽孝的观念带到哪里。

（正确答案：澳门特别行政区）

叁
闻名不如见面

1

良渚文化最早发现于今天杭州的哪个区？

嘉宾解读

康震：良渚古城遗址是人类早期城市文明的范例，首先具备了城市、水利工程、农田等等在那个年代极其发达的文明特征，也确立了中国五千年文明的时间长度。良渚地处水网密布的江南，当时的人们充分地利用了自然条件，建立了以水和水稻为基础的文明。在良渚曾发现了 20 万斤水稻以及世界上迄今发现的人类早期堤坝系统，可以说明当时的生产力和技术水平已经达到了相当的高度。

良渚文明大量使用木结构的房屋，这一传统一直延续几千年，我们把木质结构的建筑发挥到了极致。良渚文化曾开创了一个辉煌的玉器时代，在夏、商、周的许多遗址中，也发现了源自良渚文化的玉器，表明良渚文化始创的玉礼器，成为了商、周玉礼器系统中的组成部分。三代的礼仪制度受到良渚文化的影响，良渚文化足以堪称中华文明的源头之一。从那时开始，玉就进入中国人的社会生活，成为了一种重要的物品，玉和中国人的文化、精神的联系一直是紧密的、深刻的、连续的，有很强的文化内涵和隐喻，成为君子人格的象征。

（正确答案：余杭区）

汉中有一座名山，蜀汉丞相诸葛亮葬于这座山下，中国人自己拍摄的第一部电影是这座山的名字，请问这是哪座山？

嘉宾解读

胡阿祥：汉中是因汉水得名，即被水所绕的意思。汉水是长江最大支流，初名为漾水，《尚书·禹贡》中记载："嶓冢导漾，东流为汉。"《山海经·西山经》又记："又西三百二十里，曰嶓冢之山，汉水出焉，而东南流注于沔。"

（正确答案：定军山）

传说奉节的名字来源于一个发生在白帝城的"奉守节义"的典故，你知道讲的是什么吗？

嘉宾解读

康震：当时刘备在这里托孤，这是一个重要的历史场景，奉节的得名也和这个典故有关："举国托孤于诸葛亮，而心神无贰，诚君臣之至公，古今之盛轨也。"这是古往今来君臣关系的最高典范。几百年后，为旌武侯"托孤寄命，临大节而不可夺"，大唐王朝在贞观年间，把诸葛亮肩负起蜀国重任的鱼复县更名为奉节，意取诸葛亮奉公守节、忠贞不二。

4

山海关中的"山""海"指的是今天的哪座山、哪片海？

嘉宾解读

胡阿祥：长城是几千年数个王朝、无数代人持续共同修建的伟大工程，有秦长城、明长城等。从长城修建的过程中，我们能看到中国人的特点：中国人能够持续几千年做同一件事情，把这件事情做得非常伟大、极致。长城是世界历史上规模最大的一个工程，只有中国人能做到这一点。长城本身建造的难度、规模达到了人类的极限，不只是要穿越崇山峻岭，不只是要跨过高山大海，而且从大海边修到大陆深处，连接起了大海与沙漠，我们从中能够看到中国人不畏艰难、敢于克服任何困难的勇气。相信任何一个人登上长城都会被这种勇气、这种精神力量折服，所以我们常说："不到长城非好汉。"

（正确答案：燕山，渤海）

5

除了"鲤鱼跃龙门"，还有哪些神话故事和禹门口这个地名有关？（答出一个即可）

嘉宾解读

康震：《吕氏春秋》说："禹立，勤劳天下，日夜不懈，通大川，决壅塞，凿龙门。"大禹吸取了父亲治水的教训，改堵截的办法为疏导，有阻挡洪水流向的地方，大禹就想办法给它开辟出一条水路来，让洪水可以顺流而下，不至于泛滥成灾，而凿开的这条水路便是在一个叫龙门的地方，这里的龙门就是禹门口。鲤鱼跃龙门就是鲤鱼化龙的过程。

（正确答案：大禹治水，大禹凿山）

肆

名扬天下

凯里市
桃江县

盖州市

平湖市

紫金县

陆丰市　长沙市　　鹤壁市　天门市　宁远县　京山县　　安丘市

连云港市

甘肃省　孝感市　新余市　星台镇　三亚市　芜湖县　衡水市　遵义市　　湖口县

盐城市

长岛县　万载县　砚山县　烟台市　敦化市　抚州市　娄底市　朝阳县　德惠市　随州市　吉安市　广饶县　太湖县　鹰潭市　安徽省　同仁县

贵德县　嘉鱼县　东营市　怀化市　湛江市　德兴市　锦州市　山西省　福建省　临江市　星子县　南昌市　上饶市　舟山市　昌图县　河南省

德江县　泉州市　八宿县　福鼎市　江苏省　宁波市　安吉县　安阳县　邵阳市　五常市　休宁县　海南省　孝义市　东平县　尼玛县

1.

请从地名阵列中，挑选出 4 个名字与天体有关的地方。

补充解读：星子县："星子"是星云的一种。

尼玛县："尼玛"在藏语里是对太阳的尊称。

长沙市：在中国古代二十八星宿中有一个星名为轸宿，轸宿旁有一个附属小星名为"长沙"。

娄底市："娄底"也是二十八星宿之一。

（正确答案：星子县，尼玛县，长沙市，娄底市）

2.

请从地名阵列中，挑选出 5 个因湖泊命名的地方。

嘉宾解读

康震：平湖市是浙江省嘉兴市下辖县级市；湖口县隶属江西省九江市；太湖县隶属安徽省安庆市；鹰潭市位于江西省东北部，信江中下游；芜湖县隶属安徽省芜湖市，位于安徽省东南部。

（正确答案：平湖市，湖口县，太湖县，鹰潭市，芜湖县）

多元一体

第十一期

海纳百川、兼收并蓄
是中华文化不竭的发展动力

壹

一举成名

1

在一些小说和影视作品中，会出现"几万大山"的说法。以下山名中，哪一个是现今不存在的？

A. 十万大山 　　B. 九万大山

C. 六万大山 　　D. 五万大山

嘉宾解读

康震：十万大山、九万大山、六万大山都是广西壮族自治区境内山脉。"十万""九万""六万"，实际上不是数字，而是壮语山名的汉文音译。十万是南壮方言"适伐"的音译，"适伐大山"的意思是"顶天大山"；"九万"系壮语"九怀"的汉文音译，山名的实际意思是"水牛头山"；而六万大山的"六"，是壮语lueg的近音，就是山谷的意思。"万"的壮语意思是"甜"，合起来就是"甜水谷大山"。

（正确答案：D. 五万大山）

2

每一个姓氏后面都藏着若干个地名，比如张姓有张家界，鲁姓有鲁家峪，康姓有康店镇。在上海，徐姓的背后有一个地方叫徐家汇。那么，徐家汇是因谁而得名的？

A. 徐福 　　B. 徐霞客

C. 徐光启 　　D. 徐志摩

嘉宾解读

胡阿祥：徐家汇中的"汇"指的是肇嘉浜、法华泾、蒲汇塘三河交汇处。徐家汇得名于徐光启，徐光启是明代有名的科学家，徐光启父子死后葬在上海，后代就在此地聚居，所以叫这个名字。

"省级"是中国行政区域的最高一级，比如湖南省、江苏省。下面哪个选项曾属于行政区域？

A. 尚书省　　B. 中书省

C. 门下省　　D. 直隶省

嘉宾解读

康震：尚书省、中书省、门下省都是行政机构。而直隶，是明代对直接隶属于京师地区的称呼。清代开始称为直隶省。1928年，直隶省改名为河北省。

（特别出题人，他们用一年半的时间举行了一场极其特别的婚礼，他们前往56个民族的聚居地，穿上了56个民族的服饰，拍了56套结婚照。他们是三兽与小姬。）

在云南有很多用各民族语言来命名的地名，你们能试着把下列地名和它的含义进行匹配吗？

1. 西双版纳　　A. 稻谷水湾

2. 大理　　　　B. 推行礼治，大治大理

3. 普洱　　　　C. 十二个宽阔区域

4. 呈贡　　　　D. 水湾寨

嘉宾解读

三兽：其实这几个地名都是和各民族语言相关的。第一个"西双版纳"是傣语。"西双"是"十二"的意思，"版纳"是"宽阔的区域"

的意思，因此，它的意思就是十二个宽阔区域的结合。大理就是取汉语"积极推行礼治，大治大理，以达强国安民"的寓意。

小姬：普洱是哈尼语。"普"为"寨"，"洱"是"水湾"，所以普洱就是有水湾的寨子。"呈贡"为彝语，意思是"盛产水稻的海湾坝子"。

（正确答案：1—C，2—B，3—D，4—A）

5

中国是吃面条花样最多的国家之一，在大江南北的饭桌上，面条的粗细、形状、口味各不相同。请将下面来自祖国各地的面条与相对应的地名进行连接。

炸酱面　　　广州

云吞面　　　北京

刀削面　　　新疆

拉条子　　　山西

嘉宾解读

胡阿祥：炸酱面是北京的，老北京炸酱面嘛；云吞面是广州特色小吃，清末时从湖南传入；刀削面是山西的；拉条子也叫新疆拌面，是随着河西走廊移民传入的。说到面条，中国绝对是世界上吃面历史最悠久的国家，吃法更是五花八门，应有尽有。每个地方都有属于自己的面条名片，像岐山臊子面、重庆小面、兰州拉面、河南烩面、陕西油泼面、四川担担面、武汉热干面等等，从中我们能看到中国美食的丰富多样。

（正确答案：炸酱面—北京，云吞面—广州，刀削面—山西，拉条子—新疆）

6

经济的交流带动了食物的发展，各地人民都能品尝到不同地方的美食。丝绸之路上有一个因盛产美味蜜瓜而得名的地方。请问这个地名是？

A. 哈密　　　B. 瓜洲　　　C. 瓜州　　　D. 瓜埠（bù）

嘉宾解读

康震：瓜州就是敦煌的古称，当地盛产美味的蜜瓜，北魏孝明帝给它改的名字。三点水旁的瓜洲则在江苏扬州，是由长江冲击出来的渡口，地形像一块瓜，所以叫瓜洲。哈密，是维吾尔语，翻译过来就是沙之地。瓜埠镇，是因为它在瓜步山下而得名的。这四个地名乍一看，好像都和瓜果有关，实际上只有瓜州是指的蜜瓜。

敦煌是丝绸之路上的一个文化交流的中转站，被称为"华戎都会""西域咽喉"，是中原和西域交往的重要窗口。仅以饮食一项而言，丝绸之路就对中国人的生活产生了重要影响。我们现在已经司空见惯的葡萄、西瓜、胡萝卜、大蒜、香菜、胡椒等食物，原产地都不在中原，它们都是经丝绸之路传入的。明清时期，番薯、番茄、辣椒等很多食材，都是通过海上丝绸之路传入，从而加入了中国人的食谱中，极大地丰富了中国人的饮食。

（正确答案：C. 瓜州）

如果把中华五千年的文明比作一棵生生不息的大树，那么每一个地名在年轮上都有自己的位置，比如图中"郑州"这个名字出现较早，所以更靠近中心，"西安"这个名字则"年轻"一些。根据图片，判断"邯郸"这个名字最有可能在哪一个位置？

?

A _____

公元 583 年 郑州

B

西安 公元 1369 年

C _____

公元 1403 年 北京

D _____

胡阿祥：这道题考的是地名出现的时间，邯郸在公元前546年《春秋穀梁传》中就有记载，曾经是赵国的都城。郑州则是源于隋炀帝把荥州改名为郑州。西安是在明朝取了这个名字，意思是"安定西北"。所以几个一比较，邯郸是得名最久的城市了。

白居易的名篇《琵琶行》中，弹琵琶的女子有一句自述："自言本是京城女，家在虾蟆陵下住。""**虾蟆陵**"是方言引起的地名变化，那么它本来叫什么？

A. 虾面陵　　B. 下马陵

C. 洗马陵　　D. 蛤蟆陵

嘉宾解读

康震：这是一个关于方言转化成地名的题，下马陵这个地名是和西汉儒学家董仲舒有关。相传是董仲舒去世后，出于对董仲舒的尊敬，汉武帝每次经过他的墓地时，三十丈之外便下马步

行，所以有了下马陵这个地方。在西安的方言中，下马陵读作"hā mà líng"，久而久之，下马陵逐渐地成为虾蟆陵。

方言是地方文化的标志，由于居住地的不同，人们对地名的称呼有相当大的差异，这种差异往往反映出一个地方的地域特征。不同地域的文化都互相隔离又各具特色，这些特色包括语言或方言的差异，也体现在地名上。

陆游晚年退居山阴后，写过一首著名词作《诉衷情》，词中道："当年万里觅封侯，匹马戍梁州。""梁州"指今天哪个城市？

A. 四川成都　　　B. 陕西汉中

C. 甘肃武威　　　D. 浙江绍兴

嘉宾解读

康震：相传古代大禹治水时，把"天下"分为九州，梁州即为其中之一。当时只是一个区域概念，三国时正式建立了梁州行政区划，所辖区域相当于今天的陕西汉中。汉中是大家都很熟悉

水韵汉中（王辉摄影）

的城市，在历史上也是一个战略位置十分重要的城市，古代巴蜀地区凭借秦巴山区的关口割据一方，只要占据了汉中地区，巴蜀政权退可守天府之国，进可攻关中之地。刘邦的军队就曾在这里"明修栈道，暗度陈仓"，最终夺取了三秦，击败项羽，一统天下。

（正确答案：B. 陕西汉中）

10 **我国幅员辽阔，地形复杂多样，也因此诞生了一些因自然地理特征而得名的地方。以下哪个地名不是因为自然地理而得名的？**

A. 江阴市　　B. 太原市

C. 湖州市　　D. 勐（měng）海县

嘉宾解读

胡阿祥：勐海县，虽然名字中有个海，但是它并不真的指海，勐海县原来叫"勐咳"，是傣语，意思是丢失猎犬的地方，后来傣族首领召海在此居住，于是改名叫"勐海"，意思就是召海居住和管辖的地方。

江阴就是因为位于长江之南所以叫江阴。太原是因为当地的地形大而平，故名。湖州则是因为靠近太湖。中国有平原、盆地、丘陵、

山地、高原等地形，几乎囊括了世界上所有的地形种类。多样的地理环境造就了中国文化的多样性，正所谓"百里不同风，千里不同俗"，"一方水土养一方人"。

贰 实至名归

线索 1：它是山东人"闯关东"的海路上岸点。

线索 2：它的南端有和城市同名的海湾。

线索 3：这里有老虎滩海洋公园。

1

大连

嘉宾解读

康震： 近代大连是一个移民城市，其主要居民为山东及临近几个省市的移民。中国历史上有几次著名的大规模的人口迁移，西部有走西口，南部有下南洋，东部有闯关东。闯关东主要就是山东、河北等地的人进入东北。当年，相当一部分人闯关东选择了水路，从山东出海，漂到大连，于是在大连扎根。

大连市民生活习俗呈现出齐鲁文化与东北文化杂糅的特点。比如，大连话实际上就是胶东话；饮食上也主要偏向于山东菜。在大连的街头巷尾有一个广为人知的小吃——炒焖子，这个就是山东人带过去的，现在已经成为大连人接受度最高、最传统的小吃了。

（正确答案：大连市）

2.

> **线索 1：** 这里最早的商业街——中街有近 400 年历史。
>
> **线索 2：** "中国歼击机的摇篮"位于这里。
>
> **线索 3：** 努尔哈赤时期的"盛京皇宫"位于这里。

嘉宾解读

康震： 中街有 1.5 公里长，我在沈阳逛过中街，沿着中街向南走，就是沈阳故宫，再往南，就是张作霖、张学良的大帅府。清朝皇家的气派和中西合璧的大帅府，相得益彰。沈阳在清朝时叫做盛京，后来又以"奉天承运"之意，将盛京改为"奉天"，是清王朝的发祥地，现在已经成了满汉文化交融的现代化大都市。中国的文化是一种多民族融合的文化，在我们生活中就有很多满语。

（正确答案：沈阳市）

3.

> **线索 1：** 传说王昭君的"青冢"在这里。
>
> **线索 2：** 它是山西人走西口的重要目的地，这里有许多带有山西烙印的地名。
>
> **线索 3：** 它的名字是蒙古语的音译，意思是"青色的城"。

嘉宾解读

胡阿祥：呼和浩特意为青色的城市，明代的时候，蒙古族的部落首领来到这里，用青色的砖筑城墙，称之为青城。

内蒙古不光有以蒙语命名的城市，因为人口的交流迁徙，也有很多外来文化的印记，比如呼和浩特的宁武街其实是山西的一个县城的名字。这缘于明朝到民国期间的一次人口大迁徙——走西口，这是一场时间跨度很长的中西部融合的过程，从明朝中期到民国初年四百余年，无数的山西人、陕西人、河北人背井离乡，来到内蒙古，带来了他们的生活方式和文化，促进了中原腹地和蒙古草原的经济和文化的融合。蒙古的民间艺术形式，如漫瀚调，是逐渐融合了信天游、蒙古歌曲而产生的一种新民歌。

（正确答案：呼和浩特市）

线索 1：满洲里口岸位于这里。

线索 2：内蒙古面积最大的草原在这里。

线索 3：它的名字取自境内两个湖泊名。

嘉宾解读

胡阿祥：呼伦贝尔是因为呼伦湖和贝尔湖得名的。"呼伦"的意思是像海一样的大湖，"贝尔"的意思是雄水獭，因这个湖里曾经有很多水獭而得名。呼伦和贝尔两个湖互为姊妹湖。

在呼伦贝尔最北缘，有一个很著名的边境城市叫满洲里，这里同时居住着鄂伦春、鄂温克、满族等 20 多个民族。满洲里口岸是目前最大的陆路通商口岸，这边繁荣的贸易通商有很长时间的历史。

（正确答案：呼伦贝尔市）

（特别出题人，鸟类摄影爱好者段文科）

线索 1：从 2012 年起，这里每年举办一届宁夏国际观鸟节。

线索 2：这里的沙湖鸟岛是观赏鸟类的最佳地点。

线索3：据说这里是因为贺兰山脉到这儿，山石突出像嘴而得名。

嘉宾解读

段文科： 石嘴山在宁夏平原的北边，是塞上江南的城市之一，既有雄浑的大漠风光，还能看到秀美的江南水景，尤其是石嘴山的沙湖，有山有水、有鸟有鱼，还有成片的芦苇和沙海。从高空俯瞰，整个湖水被沙漠包围，这也是叫"沙湖"的原因。

沙湖是全国观鸟景点中距离鸟类最近、鸟类种类和数量最多的观鸟地之一。每年有成千上万的候鸟在这里栖息，这里的鸟岛被称为"百鸟天堂"。比如大鸨、金雕、黑鹳、玉带海雕、白尾海雕、中华秋沙鸭这些国家一级保护鸟类都在这里。刚刚题目中的图片就是我在沙湖拍的。我尤其喜欢金雕，它是天空中的王者，是猛禽中的"顶级战斗机"，它体型很大，双翼展开后能超过2米，飞行速度能达到每小时300千米，可以和高铁相媲美。

这些年拍摄鸟类，我最大的感受就是中国鸟类的多样性，我们国家有1371种鸟类，是世界上鸟类多样性最为丰富的国家之一。很多鸟类是中国独有的，比如贺兰山的红尾鸲、朱鹮等等。

玉带海雕　　　　　　　　　　　　　　　　　　　　　金雕

线索 1：它素有"塞上湖城"的美誉。

线索 2：它曾是西夏国的都城。

线索 3：它的名字寓意此地水波荡漾、波光粼粼。

嘉宾解读

康震：宁夏平原沟渠交织，有很多美丽的湖泊，明末清初的时候，一些文人在咏唱宁夏的秀美景色时，用"银川"形容其水光潋滟、水映晴光的水乡风光。再加上银川地下水位高，退水之后盐碱显露，到处都白茫茫一片，所以有了一个美丽的名字——银川。在银川处处可以看到各民族文化交融的痕迹。

宁夏具有独特的文化特色，贺兰山就位于宁夏和内蒙古的交界处，自古就是中原和西北游牧民族交流的通道，天然地形成交流融合的局面。贺兰山岩画就是中原文化和西部少数民族文化融合的体现。宁夏还曾经是历史上西夏国的腹地，西夏国曾和辽、宋并立，有 189 年的建国史，形成了灿烂的文化。西夏文就是在借鉴汉字的笔画和构成原理的同时，加入了自己的特点，是党项文化和中原文化融合的见证。

（正确答案：银川市）

西夏王陵

西夏王朝在弘扬党项族传统的同时，不断吸收中原文明。在文
化上，提倡儒学，发展汉学；在教育上，仿照宋朝实行科举制
度，兴建学府；在宗教上，大力弘扬佛教，寺庙林立。

叁

闻名不如见面

1

京杭大运河流经天津，连接南北，贯通长江、黄河等五大水系，
其中，位于天津的水系是？

嘉宾解读

康震：海河是中国华北地区的最大水系，海河起自天津金钢桥，到大沽口入渤海湾，是天津的"母亲河"，可以说，正是因为海河，才衍生了繁华的天津卫。天津最早起源于漕运，被称为"大运河载来的城市"，京杭大运河开通后，在子牙河与南北运河交汇处，也就是天津金刚桥三岔河口形成了码头，人们在此聚居，商贸逐渐繁荣，天津从此发迹。

大运河不仅带来了经济的发展，还带来了文化的融合和繁荣。这里汇集着南来北往的人，各色方言杂然相间，天津话开始了融合重铸的过程，一些诙谐、幽默的平民文化开始出现，这也是天津成为三大相声发源地的原因之一。

天津港

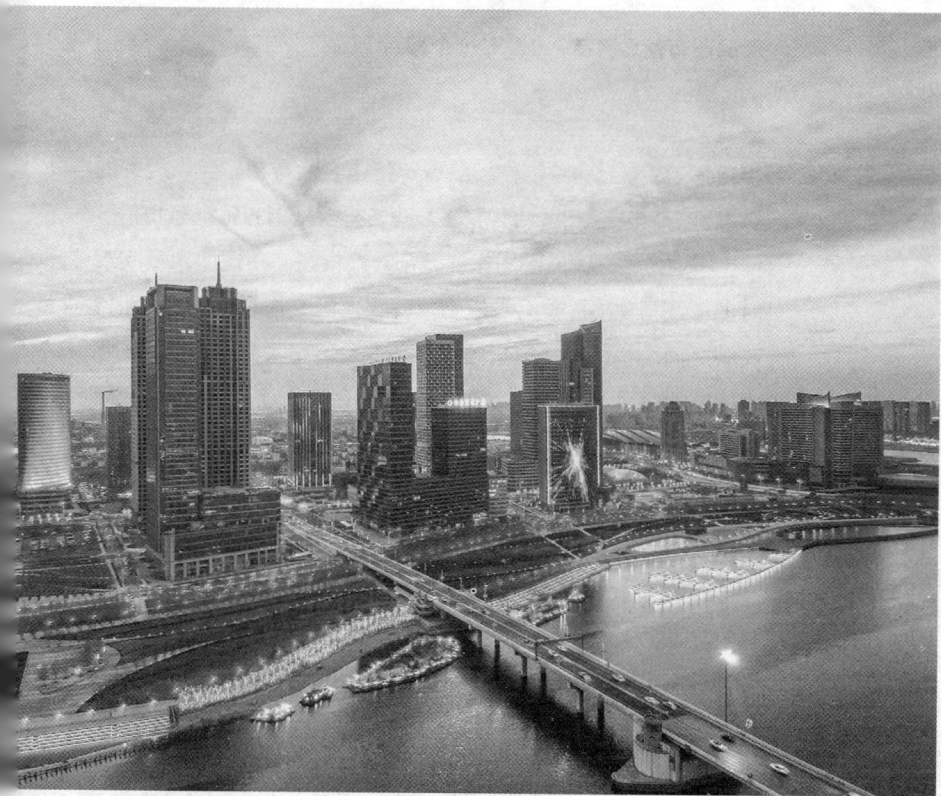

多元一体

2

你知道天门山有什么古称吗？

嘉宾解读

胡阿祥：张家界的魅力，很大一部分就在于其独特的地貌，它有着奇特的峰林地貌和壮丽的喀斯特景观，有泰山之雄、华山之险、黄山之变化、桂林之秀丽，有"三千奇峰，八百秀水"的美称，是很多电影的取景地，甚至是"外星世界"的拍摄场地，足见张家界地理、地貌的独特与多样。

中国一共有41个世界地质公园，居世界之最。中国地处太平洋、欧亚、印度洋三大地质板块汇聚之处，又是世界上纬度跨越最大、海拔高度跨越最大的国家之一，因此具备了极其多样的地质地貌环境与自然生态系统。

（正确答案：云梦山、嵩梁山）

3

康定还有什么名字？（答对一个即可）

嘉宾解读

胡阿祥：康定旧称打箭炉，是早年藏语名的音译，翻译过来的意思是"两条河交汇处的商埠"，两条河就是指的雅拉河和折多河。康定是茶马古道上的重要城市，汉族茶商在此地和藏族茶商进行茶马互换。茶马古道上，各族人民交往频繁，促进了各民族之间政治、经济、文化的互动、发展和融合，增进了彼此间情感的联系。"北有丝绸之路，南有茶马古道"，这片地区因为茶马交易，促成了沿线许多城镇的形成，比如雅安、芦山等。

（正确答案：打箭炉、炉城）

4

玉门关因何而得名？

嘉宾解读

胡阿祥：早在丝绸之路之前，这条路其实是一条"玉石之路"，西去的是丝绸，东来的是美玉，玉门关所在的地方是新疆和田玉料进入中原地区的第一个关口，所以称之为"玉门关"。

敦煌鸣沙山、月牙泉

"敦，大也；煌，盛也"，敦煌的意思就是盛大辉煌。敦煌是丝绸之路上的极为重要的城市。汉朝时，河西走廊上最西端的一个郡就是敦煌郡，被称为"华戎都会""西域咽喉"，长期充当对外交往的窗口，成为了东西文化交流的中转站。

康震：敦煌就像一个照相机一样，照下了丝绸之路上文化融合的瞬间，留下了融合的痕迹，实际上这些文化在几千年的交流中，已经融合进中华文化的洪流之中。丝绸之路是中西方文化交流的大通道，送去了丝绸、茶叶、瓷器……迎来了宗教、香料、珠宝……世界的多种文化在此融合，南亚、罗马、阿拉伯和整个东方的文化在此交汇，是一块独特的文化宝地。

肆

名扬天下

舟山市

盘山县

威海卫

岳阳市

澳门　漳州市　九江市　呼和浩特市

楚雄市　广东省　登封市　海南省

九龙　榆林市　吉林省　安庆市

安徽省　佳木斯市　蓝山县

兰州市　淳化县　娄底市　永新县　和龙市　阆中市

盘山县　广州湾　中卫市　齐齐哈尔市　施秉县　济宁市

六安市　廉江市　洞口县　贵州省　保山市　防城港市

惠州市　旅大　日喀则市　淮北市　上高县　辽宁省

竹溪县　来宾市　修武县　富锦市　商洛市　新野县

梅州市　宝鸡市　三亚市　河北省　台儿庄　宜春市

拉萨市　哈尔滨市

蕉岭县　奉节县　费县　台湾　昭通市　三明市

丽水市　香港　绥江县　山东省　黑龙江省

滁州市　当涂县　庆元县

请从地名阵列中，挑选出与"闯关东"关系密切的 5 个省份。

（正确答案：山东省、河北省、辽宁省、黑龙江省、吉林省）

嘉宾解读

康震：19 世纪，中国积贫积弱，政局动荡，兵祸连结，再加上黄河中下游连年遭遇自然灾害，于是以山东、直隶（今河北）为主的关内人开始闯入东北，其数量规模为历史最高。

1

请从地名阵列中，挑选出 3 个命名与年号有关的地名。

（正确答案：淳化县、登封市、庆元县）

补充解读：淳化县：淳化（990—994）为宋太宗时年号。

登封市：万岁登封（696 一月—696 三月）为武则天称帝后第七个年号。

庆元县：庆元（1195—1201）为宋宁宗时年号。

2

请从地名阵列中，挑选出 8 个因少数民族语音译而来的地名。

（正确答案：哈尔滨市、齐齐哈尔市、日喀则市、和龙市、富锦市、佳木斯市、拉萨市、呼和浩特市）

补充解读：哈尔滨市：哈尔滨是满语"阿勒锦"的音译，阿勒锦是一个因水得名的古村落。

齐齐哈尔市：齐齐哈尔来源于达斡尔语，意为"边疆"或"天然牧场"。

日喀则市：日喀则是藏语音译，意为"如意庄园"。

和龙市：和龙来源于满语，意为"山谷"。

富锦市：富锦原名"富克锦"，由明代"弗提卫"或"福题希卫"转音而来。

佳木斯市：佳木斯由满语音译，意为"驿丞"。

拉萨市：拉萨想必大家都很熟悉，是藏语中"圣地"的意思。

呼和浩特市：呼和浩特在蒙语中意为"青色的城"。

3

多元一体

请从地名阵列中，挑选出《七子之歌》当时所指的七个地方。

嘉宾解读

胡阿祥：《七子之歌》是闻一多先生于1925年3月在美国留学期间创作的组诗。他在这一组诗作品里用拟人化的手法，把中国的澳门、香港、台湾等七个被割让、租借的地方，比做祖国母亲被夺走的七个孩子，让他们来倾诉"失养于祖国、受虐于异类"的悲哀之情，表达了游子殷切期望回到祖国母亲怀抱中的情感。《七子之歌》也同样永远告诉着中国人，永远不要忘记历史的伤痛，要永远奋斗，让祖国一天天变得强大。

（正确答案：澳门、香港、台湾、威海卫、广州湾、九龙、旅大）

中　华　文　明

第十二期

辉煌的中华文明
是中国人永恒的精神纽带

壹

一举成名

1

请说出与"州"相关的地名。

嘉宾解读

胡阿祥： 在中国古代的地名中，我们经常会见到"州"这一名词，在一些成语、俗语中也经常看见。《说文解字》中记载"水中可居曰州"。大意是指古人习惯居住在靠近水边的地方，以"州"代表居住区域。"州"的名称可追溯到大禹时期，最初只是地理区域称呼，西汉时成为监察区，东汉时成为郡县之上的正式行政区划，隋朝时成为县之上普遍的行政区划，宋元时地位下降，到了明清时失去普遍行政区划的地位，但"州"的名称融入到地名之中，很多带"州"的地名一直沿用到今天。

（正确答案：广州、苏州、扬州、柳州、兰州、亳州、德州……）

2

请说出与"阳"相关的地名。

嘉宾解读

康震： 中国带"阳"的县级以上地名总计 131 个，分布在 26 个省，其中带"阳"字最多的省份是河南。这些带"阳"的地名渗透着浓厚的历史文化气息，和当时的地理、文化等因素息息相关。古时候，人们在选择定居的时候，首先考虑到的就是水源。因此他们在命名的时候就考虑到了"山南水北为阳"的原则，唯有这样才能充分吸收到阳光的照射。

（正确答案：洛阳、岳阳、贵阳、襄阳、沈阳、阳泉、咸阳……）

请说出与"南"相关的地名。

嘉宾解读

胡阿祥：以方位命名地名是一个基本的地名命名方法。比如，河南省南阳市，"南"是指方位，"阳"则为地貌势态。黄河流域素有"中华民族摇篮"之称，黄河两岸建立的历代王朝和封建诸侯国林立，在古人的概念中常称之为"中国"。既有中国之"中"，必有东西南北之"外"了。南阳的地理位置处于当时中国的南边，故有"南"字之义。

（正确答案：湖南、海南、河南、南通、南京、南阳、南宁……）

3

请说出与"川"相关的地名。

嘉宾解读

胡阿祥："川"的本义是"河流"。在甲骨文里，"川"字左右是岸，中间是流水。《说文解字》中说："川，贯穿通流水也。"川是象形字，像水直达之形。"川"字又引申为"通达的路径"，故又有"平地、平野"之义，如"一马平川"。请注意，"川"字并无"山"的意思。"四川"的来源并非是四座山，而是四条大道。

（正确答案：四川、北川、银川、临川、汶川、青川、达川……）

4

小课堂："川"的演变

"川"在地名演化中渐渐变成四川的简称，成了一个特殊的地名。像川剧、川菜、川芎、川贝、川大（四川大学）、川陕革命根据地、川藏公路中的川，都是四川的简称。

北宋初将五代后蜀故地分设西川、峡两路，约相当于今大渡河东北和陕西汉中地区。宋真宗咸平四年（1001）分为益州（后改成都府）、利州、梓州（后改潼川府）、夔州四路，合称"川峡四路"，简称"四川"。自此沿用至今。

四川省有达川市、通川县、沐川县、汶川县、青川县、金川县、北川羌族自治县，大川小川，无所不用其川。而一些以川命名的地方，往往与境内有"水"或者有河流冲积扇有关。也有的让我们还真找不到什么河流与地名相关，有的川就是平原，相当于一马平川的"川"。最典型的是民歌中的"敕勒川，阴山下"的敕勒川，那是典型的"一马平川"的川。

5 请说出与"龙"相关的地名。

嘉宾解读

康震：我国地名中，带"龙"字的不少，来源主要有五个：

一是因地形似龙而得名的。如：四川苍溪县龙山镇、四川广元市市中区盘龙镇、黑龙江。

二是因为传说的龙。四川广元市市中区龙潭乡，相传因该地之跳蹬河与驿地河水相冲撞之深潭中有龙而得名。四川广元市元坝区黄龙乡，传说有黄龙自河入江，故名黄龙乡。上海龙华镇，因龙华寺而得名，龙华寺相传是因为广泽龙王在这里兴建了龙宫。

三是与生肖有关。我国云、贵两省有以十二生肖为名的"场"，"场"相当于北方的"集市"。云贵多山，集市要在一块比较大的平地，这就是"场"的来源。如，贵州修文龙场（王阳明曾悟道于此）。《修文县志》记载："下设六日场期，其中辰戌日的赶场地点在龙场。"云贵名为龙场之地不少，均同此理。

四是与位置在东方有关。古时有"四象"之说，即东方为青龙之象，南方为朱雀之象，西方为白虎之象，北方为玄武之象。东方之象为青龙，是因二十八星宿中，东方七宿，构成"龙"之象，其余同理。因此，用四象代表四方，如唐代长安北城门名玄武门。因青龙（苍龙）代表东方，我国一些带青龙的地名，常得自于位于某一较大地方的东方。如青龙山，在南京市东南；

青龙江，在上海市青浦县东北；青龙河，在河北省东北；青龙桥，在北京延庆县东南；青龙镇，在上海市青浦县东北。这些地名的共同特点是在东边。

五是与皇帝有关。古代，龙是皇帝的象征，皇帝自称真龙天子。如贵州有地名"安龙"，原名安隆。公元1644年，张献忠率领的明末农民起义军在成都建立大西政权。张献忠死后，大西政权由孙可望等人领导，势力扩展到贵州。1646年，朱由榔建立南明永历政权。1652年，孙可望把永乐皇帝接到贵州安隆，同年，孙可望改安隆为安龙，意为真龙天子曾居于此。又如，辽宁北宁市的龙岗子，此处曾挖到一座古墓，为辽国太子之墓，因此，地名"龙岗子"也与皇帝有关。

贰

实至名归

线索1：歌曲《山路十八弯》唱的是这里。

线索2：中国古代四大美女之一王昭君的出生地。

线索3：这里有著名的葛洲坝水电站。

宜昌

嘉宾解读

康震：宜昌古称"夷陵"，位于湖北省西南部、长江上中游分界处，建制历史逾两千年。《山路十八弯》唱的是湖北宜昌的长阳、五峰一带，后泛指重庆黔江、湖南湘西、湖北恩施等土家族聚居地区。长阳是一个集旅游风景、历史文化于一身的地方，当地人十分擅长歌舞，词作者佟文西亲自到这些地方采风，寻找灵感。

2

线索1：这里有"立体草原"喀拉峻。

线索2：这一带草原上奔跑着汉武帝苦苦寻找的"乌孙天马"。

线索3：这里有一座"八卦城"。

嘉宾解读

康震：新疆伊犁哈萨克自治州下辖县，地处伊犁河上游的特克斯河谷地东段。"特克斯"，一说是突厥语，意为"野山羊"或"阴

面、阴坡"之意；二说系伊犁河，蒙古语"特克协"之音变，意为平原旷野溪流纵横之意。

这里不仅有层次分明错落有致的喀拉峻 "立体草原"，还有乌

八卦城

孙神马。乌孙是西域古国名，是汉朝对来自西域良马的称呼。西汉张骞出使西域返回长安时，乌孙随派使者带好马10匹答谢，被称为"天马"；李广利征大宛得良马数千匹，遂称大宛马曰天马，乌孙马改称"西极"。李商隐《茂陵》诗："汉家天马出蒲梢，苜蓿榴花遍近郊。"

中国有按八卦方位筑城的传统。新疆特克斯县就是一个堪称世界最大、最完整的八卦城。八卦城呈放射状圆形，街道布局如神奇迷宫般，路路相通、街街相连。这座体现易经文化内涵和八卦思想的城镇，以中心八卦文化广场为太极"阴阳"两仪，按八卦方位以相等距离、相同角度如射线般向外伸出八条主街，每条主街长1200米，每隔360米左右设一条连接八条主街的环路，由中心向外依次共有四条环路。其中，一环有八条街、二环有十六条街、三环有三十二条街、四环有六十四条街。这些街道按八卦方位形成了六十四卦，反映了64卦386爻的易经数理。为不让人们迷路，各街道都设置了方位说明牌。

（正确答案：新疆伊犁哈萨克自治州）

3

线索1：中国旅游标志与这里息息相关。

线索2："葡萄美酒夜光杯"这句诗的诗名，是这里的古称。

线索3：地名是为了彰显汉王朝的武功军威。

马踏飞燕

嘉宾解读

胡阿祥：东汉铜奔马，别称马超龙雀、马踏飞燕等，为东汉青铜器。1969 年 10 月出土于甘肃省武威市雷台汉墓，它是武威这座城市的形象代表之一，现藏于甘肃省博物馆。1983 年 10 月，马踏飞燕被国家旅游局确定为中国旅游标志。作为中国旅游标志，马踏飞燕寓意着中国旅游业的腾飞、跨越和超越发展；同时作为国家一级文物，它还象征着中国文化的博大精深，代表中国文化在当代全球文化中有着相当重要的体量和位置。

> **线索 1：**这里是谭嗣同故里。
>
> **线索 2：**这里的蒸菜很有名。
>
> **线索 3：**《浏阳河》这首歌名中有它的名字。

嘉宾解读

康震：浏阳市因位于浏水之阳而得名，此处的浏水即现今的浏阳河。浏，意为水质清冽。这里出过很多的仁人志士，比如谭嗣同就是湖南浏阳人，他是中国近代著名政治家、思想家，维新派人士。清光绪二十四年（1898），谭嗣同参加领导戊戌变法，失败后被杀，年仅 33 岁，为"戊戌六君子"之一。

更值得一提的是，浏阳蒸菜是湖南的传统名吃，属于湘菜。以含油脂少、热量低、易于消化吸收著称。浏阳蒸菜相传起源于明初，当时大量外来人员迁入浏阳定居，而这其中又以江西客家人迁入最多。所以，当地的饮食结构受到了很多客家文化的影响，蒸菜的形成也正是得益于此。蒸菜的形成最初是因为农村家庭外出务农，没有那么多的时间来做饭，所以为了节省时间，一般的主妇会提前在早上的时候将每天三餐的饭菜准备好。但因为考虑到中间间隔时间那么长，饭菜容易冷掉，所以用大锅放满水，将饭菜蒸在上面，这样可以长时间保温，后来逐渐形成了今天的做法。

5

（特别出题人，海军青岛舰副政委——于彬）

线索 1：以它名字命名的驱逐舰因多次执行出访任务，被媒体
称为"外交明星舰"。

线索 2：中国首座航母军港位于这里。

线索 3：2019 年 4 月 23 日，庆祝中国人民解放军海军成立
70 周年海上阅兵活动在这里举行。

嘉宾解读

于彬：线索 1 所说的"外交明星舰"就是我们的青岛号导弹驱
逐舰，它是中国第一艘现代化的多用途战斗舰艇之一，因为执
行过很多出访任务，所以被媒体称为"外交明星舰"。线索 2
所说的中国首座航母军港就位于青岛，2013 年 2 月 27 日，
中国首艘航空母舰辽宁舰成功驻泊位于青岛的国内首座航母军

青岛舰

港，标志着中国航母军港已具备综合保障能力。线索 3 所说的
海上阅兵是 2019 年 4 月 23 日，我国在青岛举行的中国人民
解放军海军成立 70 周年的海上阅兵活动。

中国舰艇的命名有着具体的规定。航空母舰是以"行政省"命名
的，例如辽宁号航空母舰；驱逐舰是以"省会城市或副省级城市"
命名的，例如西宁号驱逐舰、厦门号驱逐舰；护卫舰是以"中小
城市"命名的，例如以我的家乡命名的潍坊号护卫舰；补给舰是
以"湖泊"命名的，例如微山湖号补给舰；登陆舰是以"山"命名，
例如库仑山号登陆舰；电子侦察船是以"星"命名的，例如天王
星号电子侦察船。另外，还有一些扫布雷舰、导弹护卫艇、猎潜
艇等小吨位舰艇是以"县、州"命名，这里就不再赘述了。

青岛舰曾于 2002 年完成了人民海军首次环球航行；于 2012
年、2015 年先后两次奔赴亚丁湾索马里海域执行护航任务，

也曾数十次到访其他国家和地区，参与和外军的联合军演。

胡阿祥：军事上有一句话说"30 年陆军，50 年空军，100 年海军"，海军的建设非常艰难、复杂，在北洋水师以前中国是没有海军的，中国历代水师主要以内陆河湖为主，鲜有近海作战能力，谈不上海军，唯一能够远洋出海的是明朝的郑和船队。

历史告诉我们，强于天下者必强于海，弱于天下者必弱于海，海洋占地球表面的 70% 左右，世界上没有任何一个国家可以完全脱离海洋而存在，所以海权是影响大国兴衰沉浮的重要因素，是国家综合实力的体现。

（正确答案：青岛市）

6

线索 1：被誉为"世界丝绸之源"的钱山漾遗址在这里。

线索 2：这里有一座山因铸剑名师而得名。

线索 3：这里一个区的名字与三国中的吴国有关。

嘉宾解读

胡阿祥：隋仁寿二年（602），此处以地滨太湖而名"湖州"，为湖州设立之始。钱山漾遗址的考古发掘填补了长江下游环太湖地区新石器时代晚期文化原序列中，从良渚文化到马桥文化之间存在的缺环。在此出土的绢片、丝带、丝线尚未炭化，是世界上迄今发现的最早的家养蚕丝织品，距今已有 4000 多年。

吴兴区是湖州市的市辖区。吴兴也是湖州市的古称，三国吴甘露二年（266），吴主孙皓取"吴国兴盛"之意改乌程为吴兴，并设吴兴郡。2003 年起，湖州市区改名为吴兴区，成为浙江省湖州市下辖的一个区。

（正确答案：湖州市）

7

线索 1：这里别称"禾城"。

线索 2：这里诞生了"红船精神"。

线索 3：这里有典型的江南水乡小镇——乌镇。

嘉宾解读

康震："禾"是嘉兴的简称，嘉兴最早出现在史书上是春秋时期，古称檇李，为吴越争霸战场，未有城池。嘉兴建城于三国吴国黄龙元年（229），当年因为此地禾苗长势喜人，于是建城于此地叫作禾兴，后又叫作嘉禾。但不久后因为吴国太子叫孙和，为了避讳再改为嘉兴。

1921 年，中国共产党第一次全国代表大会在浙江嘉兴南湖的一条游船（后称"红船"）上胜利闭幕，庄严宣告中国共产党的诞生。2017 年 10 月 31 日，习近平主席来到上海和嘉兴，瞻仰上海中共一大会址和嘉兴南湖红船，回顾建党历史，重温入党誓词。在南湖革命纪念馆内，他发表重要讲话指出，上海党的一大会址、嘉兴南湖红船是我们党梦想起航的地方。我们党从这里诞生，从这里出征，从这里走向全国执政，这里是我们党的根脉。

乌镇素有"中国最后的枕水人家"之誉，拥有 7000 多年文明史和 1300 年建镇史，是典型的中国江南水乡古镇，有"鱼米之乡、丝绸之府"之称。2013 年起举办乌镇戏剧节；2014年 11 月 19 日成为世界互联网大会永久会址。

线索 1：长江在此曲折回流，呈"几"字形。

线索 2：这里有著名的"爱情天梯"。

线索 3：聂荣臻元帅的故乡。

嘉宾解读

胡阿祥： 江津，位于重庆市西南部，因地处长江要津而得名。江津城区依山傍水，城南一里有山，其状如"鼎"，故名鼎山。长江滚滚西来，环鼎山绕了一个几字形的大弯，此江段因而得名"几江"，为长江上著名的八大江段之一。明代江渊有诗云："几江形势甲川东，山势崔巍类鼎钟。"

20 世纪 50 年代，重庆江津区中山古镇高滩村，村民刘国江和比他大 10 岁的寡妇徐朝清相爱，为躲避闲言碎语，两人携手私奔到深山，相守几十年。为了让她出行安全，刘国江在悬崖峭壁上开凿石梯，终于凿出 6000 多级"爱情天梯"。两个老人的故事曾引起强烈反响。

（正确答案：重庆市江津区）

叁　名扬天下

- 金沙县　亳州市　淮北市　信丰县　广德县
- 泉州市　宝鸡市　山南市　泸溪县　泰安市　永新县
- 汝南县　定远县　衡南县　龙井市　沛县　郑州市
- 包头市　昭通市　中山市　杞县　鹰潭市
- 海东市　苍南县　息县　东台市　石家庄市　东莞市
- 庆元县　庆云县　湘阴县　永吉县　黄冈市　黄州区
- 福州市　焦作市　普定县　宿州市　南雄市　博白县
- 溧阳市　松原市
- 晋城市　山西省　尚志市　闻喜县　通化市
- 华阴市　许昌市　南平市　宜春市　保定市　甘肃省
- 天等县　钦州市　五原县
- 烟台市　萝北县　安化县
- 福清市　南靖县　洪雅县　岳阳市
- 北京市　右玉县　随州市　常德市
- 潮州市　蓝山县　扬中市　安顺市

请从地名阵列中，挑选出"中国古代四大名桥"所在的 4 个市。

（正确答案：石家庄市、北京市、潮州市、泉州市）

嘉宾解读

胡阿祥：赵州桥位于河北石家庄市赵县；卢沟桥位于北京；湘子桥又称广济桥，位于广东省潮州市；洛阳桥原名万安桥，因坐落于福建省泉州市的洛阳江上而得名。

请从地名阵列中，挑选出 6 个以相对于水系的方位而命名的地方。

（正确答案：海东市、汝南县、淮北市、溧阳市、湘阴县、扬中市）

补充解读：海东市：在青海省，因处于青海湖以东得名。

汝南县：在河南省驻马店市，因其大部分地域在汝水之南得名。

淮北市：在安徽省，因处淮河之北而名。

溧阳市：在江苏省，《郡县释名》："以在溧水之阳也。溧水一名濑水。"

湘阴县：在湖南省，以在湘水之南得名。

扬中市：在江苏省，因在扬子江中改称扬中。

请从地名阵列中，挑选出 7 个以相对于山体的方位而命名的地方。

（正确答案：山西省、苍南县、萝北县、衡南县、华阴县、山南市、岳阳市）

补充解读：山西省：因地处太行山之西得名。

苍南县：位于浙江省，以地处玉苍山之南，故名。

萝北县：位于黑龙江省，因当时的县城在陀萝山以北，故名。

衡南县：位于湖南省，因在衡山和衡阳市南，故名。

华阴市：位于陕西省，《郡县释名》："以在太华山之阴也"。

山南市：位于西藏自治区，以在冈底斯山与念青唐古拉山以南得名。

岳阳市：位于湖南省，《郡县释名》："《岳州志》云'山莫大于岳。州以岳州名者，因幕阜山也。幕阜一名天岳，在平江县'……

247

中华文明

其曰岳阳，则谓天岳之阳也。"

4 请从地名阵列中，挑选出 8 个因古国名而得名的地方。

补充解读：郑州市：位于河南省，市沿古郑州之名。而郑州因为古郑国地而得名。

宿州市：位于江苏省，据《元和郡县图志》卷九："取古宿国为名也。"

黄冈市黄州区：位于湖北省，地名源于古黄州。《元和郡县图志》卷二七："因古黄国为名也。"

随州市：位于湖北省。《元和郡县图志》卷二一："本春秋时随国，与周同姓……汉立为随县……后魏文帝大统十六年（550）改随州，后遂因之。"

杞县：位于河南省。古多杞柳，西周称杞国，秦置雍丘县，五代改杞县。县因古国名，国因柳名。

晋城市：位于山西省，《太平寰宇记》卷四四："唐贞观三年（629）改置晋城，以三国分晋地后封晋君于此，故曰晋城。"

息县：位于河南省，息县古为周代息国故地，西汉置县，以古国为县名，并加一"新"字，置新息县。元为息州，明改息县。

许昌市：追根溯源，得自许昌县。曹魏黄初二年（221）改许县置许昌县。许县得自春秋许国，秦置县。

A

安徽省

澳门特别行政区

索引

182, 193

三沙市 139,182,193

三亚市 182

太平岛 70

万宁市 22

五指山 137

五指山市 137

西沙群岛 70, 139,
182, 193

永兴岛 70

中建岛 70

中沙群岛 139, 182,
193

中业岛 70

河北省

河北省 91,97,112,
170, 215, 222, 231

安国市 22

保定市 22, 80, 81

崇礼区 94, 95

磁县 72

存瑞镇 67

邯郸市 79, 80, 202,
217, 218

井陉县 2

涞水县 80

廊坊市 170, 193

青龙县 50

三河市 193

山海关 210

尚义县 95, 170

石家庄市 247

蔚县 25

相亭村 66

邢台市 76

徐水区 139

永清县 66

张家口市 69, 70,
87, 94, 95, 199

赵县 77, 247

涿鹿县 43, 199, 200

河南省

河南省 47, 157,
197, 201, 234,
235, 248

安阳市 3, 51, 201

登封市 188, 231

砥柱山 172

冠军村 51, 52

函谷关 197

鹤壁市 72

虎牢关 196

井店镇 2, 3

开封市 72,115, 121,
157, 206

灵宝市 46

鹿邑县 43

洛阳市 6,47,72, 117,
121, 157, 188,
194, 202, 206,
207, 234

孟津县 47

南阳市 51,112,133,
235

淇县 72

杞县 248

汝南县 247

三门峡市 193

商丘市 5, 157, 201

水冶镇 51

嵩山 187, 188

唐河县 112

息县 248

新蔡县 4

新乡市 4,47

新郑市 4

东阿县 25

东营市 94

肥城市 22

菏泽市 6

莱芜市 22

聊城市 170

临沂市 35,36

临淄区 202

龙口市 237

蒙山 35

蒙阴县 35,194

蓬莱市 33

青岛市 94,242,243,244

曲阜市 178,202,203

胜利村 52

泰安市 22

泰山 98,190,191,228

威海市 69,70

潍坊市 36,37,46

颜母山 178

杨家埠村 46

山西省

山西省 7,33,67,73,91,112,144,148,216,247,248

大同市 69

河津市 178,179

恒山 188

洪洞县 6,7

壶关县 69

稷山县 151

晋城市 248

晋中市 148,170

井坪镇 3

刘胡兰镇 67

偏关县 69

平遥 148

清徐县 144

三迁村 178,179

朔州市 3,69

太原市 72,144,220

闻喜县 145

五台县 133,151

孝义市 170

忻州市 69,151

阳高县 69

阳泉市 234

永济市 170

右玉县 69

禹门口 210

运城市 151,167,168

长治市 69

左权县 66,170

左云县 69

陕西省

陕西省 91,112,120,170,173,247

安康市 120

安塞区 147

白鹿原 46

宝鸡市 6,120,204

淳化县 231

定军山 209

樊川 56,156

扶风县 90

汉中市 120,209,219,220,235

华山 98,173,174,189,228

华阴市 173,247

黄陵县 157

蓝田县 133

博大精深

的地名文化，包罗着灿烂多姿

的自然世界，闪耀着上下五千年的文明

之光。我们共同循着地名的轨迹，纵览了祖国

的璀璨河山，重温了千古神州的文明历史，品读了

传统文化和家国情怀。感谢我们的先贤，他们将地

名印刻于祖国的大好河山，时至今日依然丈量着中

华儿女的足迹；感谢嘉宾老师，他们翻开知识的典

籍，为我们解读地名背后的文化底蕴；感谢特别出

题人，他们回望记忆的篇章，为我们讲述地名承

载的故事与情感。更要感谢各位读者，正因

为有你们，我们的地名文化才得以

在创新中传承发扬。

风

在

最

后